国家级专业技术人员继续教育基地
专业技术人员知识更新系列丛书

孟 添 主编

智能交通系统理论体系与应用

上海大学出版社
·上海·

图书在版编目(CIP)数据

智能交通系统理论体系与应用/孟添主编. —上海：上海大学出版社，2018.5
ISBN 978-7-5671-3029-6

Ⅰ.①智… Ⅱ.①孟… Ⅲ.①交通运输管理-智能系统 Ⅳ.①U495

中国版本图书馆 CIP 数据核字(2017)第 302067 号

责任编辑　傅玉芳
封面设计　柯国富
技术编辑　金　鑫　章　斐

智能交通系统理论体系与应用

孟　添　主编

上海大学出版社出版发行
(上海市上大路99号　邮政编码200444)
(http://www.press.shu.edu.cn　发行热线 021-66135112)
出版人　戴骏豪

*

南京展望文化发展有限公司排版
江苏句容市排印厂印刷　各地新华书店经销
开本 787mm×1092mm　1/16　印张 11　字数 180 千
2018 年 5 月第 1 版　2018 年 5 月第 1 次印刷
ISBN 978-7-5671-3029-6/U·007　定价　46.00 元

本书编委会
（排名不分先后）

主　编 孟　添　上海大学上海经济管理中心副主任

副主编 马万经　同济大学交通运输工程学院副院长
　　　　　林　瑜　上海电科智能系统股份有限公司技术研究中心主任
　　　　　　　　　上海淞泓智能汽车科技有限公司副总经理
　　　　　张程荣　阿里云运营总监

参与编写人员
　　　　　盛　曼　上海大学上海经济管理中心研究助理
　　　　　孙　拓　同济大学交通运输工程学院博士研究生
　　　　　郝若辰　同济大学交通运输工程学院博士研究生
　　　　　付　涛　同济大学交通运输工程学院硕士研究生
　　　　　钟　芸　上海大学上海经济管理中心项目主管
　　　　　戴建英　上海大学上海经济管理中心培训部主任

前　言

城市交通是影响和带动城市发展、改善人们生活水平的重要因素。随着我国经济的飞速发展和城市化水平的加快，我国机动车数量不断增加，城市道路交通量迅猛增加，但同时城市交通基础设施的建设却未能随之完善，交通管理水平相对落后，交通意识难以跟上形势的发展……种种因素导致城市交通状况日益恶化，交通拥堵日益严重，特别是像北京、上海等特大型城市，交通拥堵已经成为制约城市经济发展的瓶颈。

在我国经济建设和城市发展速度不断加快的大背景下，找到切实有效的方法来解决城市拥堵难题显然迫在眉睫。近年来，作为解决这道难题的一把钥匙——智能交通系统已经成为国家和各级地方政府关注的焦点。智能交通系统(Intelligent Transportation Systems,ITS)主要是将交通者、交通工具、交通管理者与运营者、交通服务设施以及环境等各种交通因素综合起来，运用先进的信息技术，从而建立一个大范围、全方位发挥作用、实时、准确、高效的交通运输系统。与传统的交通运输系统相比，智能交通系统使原来分散独立的各种交通运输行为形成一个协调运转、良性循环的整体，大大地提高交通运输效率和效益。从"863 计划"到"973 计划"的相继提出并实施，我国的智能交通系统重大专项科研项目相继设立。2010 年，交通运输部明确提出将智能交通列为交通规划的重要组成部分。北京奥运会、上海世博会以及广州亚运会对智能交通系统项目的深入研究与应用实施,起到了很大的促进作用。目前,智能交通各种应用系统已经在我国各大中心城市开始研发和使用,管理控制着城市的交通运行[①]。

智能交通系统一直处在不断发展与完善中,在许多方面亟待知识更新,为此我们组成了专家编写团队,共同努力,编写了《智能交通系统理论体系与应用》。本书在阐述相关理论知识的同时,对最新的智能交通系统案例进行了整理与编写。全书主要包括三个部分的内容:第一部分,主要介绍了智能交通系统与产业化发展的基础知识,同时还对相关技术做了简要说明,包括第一章智能交通系统概述、第二章智能交通产业化发展、第三章智能交通系统体系结构与相关技术;第二部分为第四章智能交通系统建设案例,主要介绍了一些地区或机构的与智能交通相关的最新案例;最后一部分为第五章,主要是相关的政策建议以及这一领域的展望。

本书入选"专业技术人员知识更新系列丛书"并成为行业培训教材之一,这一方面得益于2017年上海大学获准设立成为国家级专业技术人员继续教育基地(人力资源和社会保障部人社厅发〔2017〕85号文),另一方面也受益于上海大学校领导、人事处领导对本项工作的大力关心与指导。

在深入的行业调研基础上,我们联合近年来在由上海大学上海经济管理中心设计并举办的智能交通高级研修班上授课的优秀专家学者一起执笔编写本书。第一章、第三章、第五章由上海大学上海经济管理中心副主任孟添、研究助理盛曼(硕士研究生)等负责编写,第二章由同济大学交通运输工程学院副院长马万经教授和孙拓(博士研究生)、郝若辰(博士研究生)、付涛(硕士研究生)负责编写,第四章由上海电科智能系统股份有限公司技术研究中心主任、上海淞泓智能汽车科技有限公司副总经理林

---

① 徐建闽. 智能交通系统[M]. 人民交通出版社,2014.

瑜负责编写。另外,我们还邀请了来自阿里云的运营总监张程荣编写了"新形势下的智能交通"的章节,但是由于机构法务审批的相关问题,该部分内容没有在本书中进行正式出版。考虑到课程体系的完整性,未来在教学课程中,这部分的内容会以补充材料的形式印发给学员,请大家理解。

由于时间仓促,加之水平有限,虽然我们已经尽力编辑,其中定有错误和不足之处有待完善,涉及的智能交通领域的主题也还不够全面,希望广大读者与学员谅解,恳请大家批评指正。智能交通是一个新兴领域,技术发展日新月异,为了尽可能帮助读者与学员们扩展视野,增大知识量,本书在编写过程中吸收了国内外相关方面的最新研究成果,并参考了大量国内外相关专著、教材、文献和案例资料等,所有引用转载部分,我们尽量在参考文献中一一列出,但仍有可能有所疏漏。在这里,一并请大家谅解与指正。同时,在此谨向这些参考文献的作者致以诚挚的谢意。

最后,我们想说,这本书的出版凝聚了许多人的智慧和心血:上海大学上海经济管理中心培训部的戴建英主任在整个项目从立项到申请过程中付出了很多的努力,项目主管钟芸对本书进行了内容上的整理。在编写过程中得到了上海市人社局、上海市交通委、上海继续工程教育协会有关领导与专家的大力支持与帮助,提供了许多建设性的意见,使得本书更具有实用性与指导性;出版过程中得到了上海大学出版社戴骏豪社长、傅玉芳编审的大力支持,使得本书更有专业特色和可读性,在此一并感谢。最后感谢上海大学上海经济管理中心的各位老师为本书做出的贡献。

编 者

2018 年 4 月

于上海大学延长校区

目 录

第一章　智能交通系统概述 ······················· 1
 第一节　智能交通系统的定义 ····················· 1
 第二节　智能交通系统的特点 ····················· 1
 第三节　发展智能交通的必要性 ···················· 3
 第四节　智能交通系统的作用和意义 ················· 8

第二章　智能交通系统体系结构与相关技术 ················ 11
 第一节　智能交通系统体系结构概述 ················· 11
 第二节　智能交通系统的构成 ····················· 15
 第三节　智能交通系统的体系框架 ·················· 64
 第四节　智能交通系统的关键技术 ·················· 76
 第五节　合作式智能交通系统 ····················· 91

第三章　智能交通发展现状及未来趋势 ·················· 97
 第一节　国外智能交通系统发展现状 ················· 97
 第二节　我国智能交通系统发展现状 ················· 103
 第三节　我国智能交通系统发展现状评价分析 ············ 105
 第四节　我国智能交通的发展趋势与特点 ··············· 112

第四章　智能交通系统建设案例 ···················· 114
 第一节　上海市交通综合信息平台 ·················· 114

第二节　上海城市交通智能诱导系统……………………………… 121
　　第三节　延安路中运量公交智能化系统…………………………… 127
　　第四节　共享汽车——电动汽车分时租赁………………………… 132
　　第五节　国家智能网联汽车(上海)试点示范区封闭测试区案例……… 135
　　第六节　国内外其他城市应用案例………………………………… 142

第五章　智能交通系统建设的政策建议与展望……………………… 153
　　第一节　智能交通系统建设的战略措施…………………………… 153
　　第二节　智能交通系统建设的推进层面…………………………… 157
　　第三节　智能交通系统建设的展望………………………………… 159

附录　上海大学上海经济管理中心简介……………………………… 160

第一章
智能交通系统概述

第一节 智能交通系统的定义

智能交通系统（Intelligent Transportation Systems，ITS）是在传统的交通工程基础上发展起来的新型交通系统。由于各国、各地区具体情况不同,智能交通的发展重点和研究内容也存在很多不同,因此,目前国际上对于智能交通系统还没有一个完整统一的定义。综合各种观点,其含义可以归纳为：智能交通系统是人们将先进的计算机处理技术、信息技术、数据通信技术、传感器技术及电子自动控制技术等有效地综合起来,运用于整个交通运输系统中,以车辆、道路、使用者、环境四者有机结合,达到和谐统一的最佳效果为目的,从而建立起的一种作用范围大、作用发挥全面的实时、精确、高效的交通运输综合管理体系。

智能交通系统是充分开发现有交通道路设施的潜能、提高交通效率、降低环境污染、保证交通安全、减少交通拥挤的有力措施,同时也推动了高新技术应用及产业发展[1]。

第二节 智能交通系统的特点

智能交通系统为解决当前的各类交通难题提供了新的思路,与传统的交通运输管理与设施建设不同,智能交通系统的特点主要表现在以下几个方面。

---

[1] 徐建闽. 智能交通系统[M]. 人民交通出版社股份有限公司, 2014.

一、信息化

智能交通系统以信息的收集、分析处理、交换共享、发布为主线,为交通参与者提供多样化服务。信息是智能交通系统的灵魂,通过信息技术对个体出行者的交通活动进行整合,帮助出行者了解相关的状态,从而促使其交通行为合理化,使系统在一定程度上达到整体协调。同时提高管理水平,管理者实时采集交通信息,通过传输信息和综合分析,确保其能提供科学的解决方案。最终实现交通运输与整个社会经济系统之间的有效衔接,有利于社会资源的高效利用。

二、整体性

相比较传统的技术系统,智能交通系统在建设过程中具有要求更为严格的整体性:首先,智能交通系统建设涉及众多行业领域,是需要全社会一起参与才能完成的大工程;其次,智能交通系统涉及众多技术领域,需要这些领域的技术人员共同协作将技术成果运用于交通运输系统中;最后,智能交通系统的研发和实施,需要政府、企业、科研单位的共同参与才能完成。

三、复杂性

智能交通系统从点到面,渗透到整个交通系统的各个方面,呈现出复杂性的特征。智能交通系统还是一项复杂的巨型系统工程,需要众多行业、众多技术领域人员的参与,互相之间的协调也体现出了复杂性。

四、动态性

智能交通系统的新技术提供实时的信息,这使得车辆、道路、环境,特别是交通系统的参与者——人的出行行为发生变化,从而使得车、人、道路和环境之间可以进行实时的信息交流,进而互相协调。信息的不停流动体现了其动态性。

五、开放性

智能交通系统是一个开放的系统,既可以应用未来的一些新技术,也可以不断拓展其项目内容。这从根本上决定了智能交通系统具有强大的生命力。此外,智能交通系统项目的实施不但会带来直接的交通效益,还带来更长远的社会效益,还会促进相关产业的发展,这也决定了其广阔的发展前景。

智能交通系统把人、车、路三部分看作一个整体,在交通的管理和服务过程中结合计算机技术、通信技术、系统工程等学科的成熟理论,有效改善交通堵塞状况,提升道路网的通行能力,从而形成能够确保其安全性、效率性、环保性的综合交通服务体系。

各地政府也在努力创造具备动态感知、主动管理、人车路协同三个特点的新一代智能交通系统。

动态感知主要是指将来的智能交通系统利用物联网技术、云计算、4G 通信等先进技术,及时、准确地发布信息,使市民、企业和政府可以实时、动态地感知最新的交通信息,其目标是各类的交通需求信息以及交通供给信息能够在人、车、路三者之间进行迅速、确切地相互传输。

主动管理则是智能交通系统在动态感知的基础上,对未来交通变化趋势进行准确预测,并判断交通发展态势,从而可以主动管理自身的交通需求,达到市民可以主动参与、企业可以主动把握以及政府可以主动干预的目的,最终使有限的交通资源在无限需求中得到最大化的利用。

人、车、路协同是利用动态感知和主动管理,达到人、车、路三者协同运作的目标。市民、企业和政府,通过对自身交通信息的动态感知,主动管理自身的交通行为,满足自身的交通需求,并促使车辆行驶更加安全舒适、提高路网资源利用率,最终达到路网资源供给量与车辆交通需求量保持动态平衡的目标[①]。

第三节 发展智能交通的必要性

一、我国交通运输业的发展需求

在过去的几十年里,我国经济快速发展,人民生活水平不断提高,整个社会对交通运输在质和量上都提出了更高的要求,同时也为交通跨越式发展提供了一个重要的发展机遇。

---

① 徐建闽. 智能交通系统[M]. 人民交通出版社股份有限公司,2014.

（一）经济快速增长，对交通运输业运量提出了更大的要求

2017年1月，国际货币基金组织（IMF）发布最新《世界经济展望》报告。据该组织的独立估计，中国2016年经济增速为6.7%，是世界上发展最快的国家。

在经济增长速度如此快的环境下，我国货物运输总量也保持这较快的发展速度。2016年，全年货物运输总量440亿吨，比上年增长5.7%（如图1-1）。货物运输周转量185 295亿吨公里，增长4.0%（如图1-2）。全年规模以上港口完成货物吞吐量118.3亿吨，比上年增长3.2%，其中外贸货物吞吐量37.6亿吨，增长4.1%。规模以上港口集装箱吞吐量21 798万标准箱，增长3.6%。

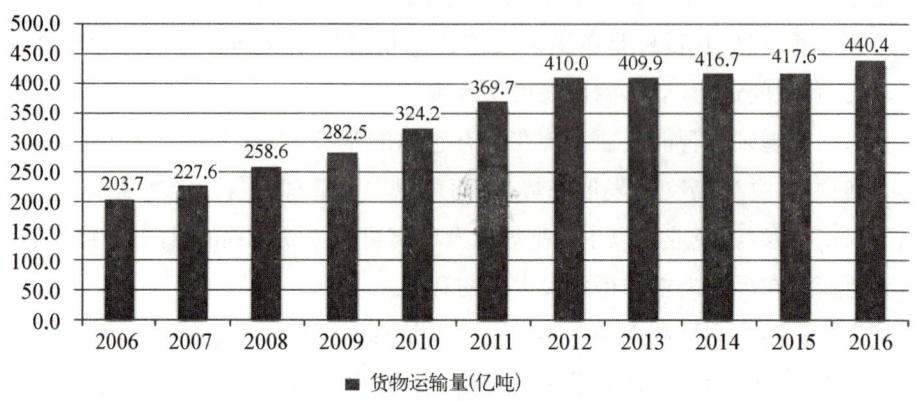

图1-1　2006～2016年中国货物运输量
数据来源：国家统计局

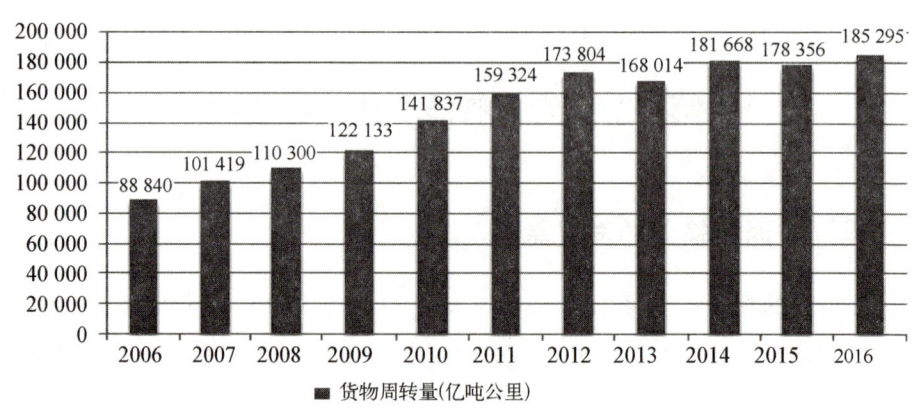

图1-2　2006～2016年中国货物周转量
数据来源：国家统计局

如此快速增长的客货运量以及周转量，必然要求我国交通运输业适应经济的快速增长。但从目前的发展情况来看，我国的基础设施建设上满足不了如此高速的运输增长。除继续进行基础设施建设外，其他可采取的办法包括提高基础设施的技术标准和服务水平等，其中建设高速公路和高速铁路就是可选择的办法之一，此外侧重运行效率的提高和方式的改进是另一个可供选择的办法。所以，解除对经济发展的"瓶颈"作用，必须通过多种方式不断提高运输供给能力和效率，以满足经济快速发展对交通运输业的总体需求。

（二）全面建设小康社会对交通运输业提出更高的质量要求

社会经济的发展，人民生活水平的不断提高，对交通运输业提出不仅以运量扩充来满足客货运的总体需求，而且还要以不断提高的运输效率和质量，切实体现以人为本，实现全方位、多层次、高质量的服务，来满足旅客、货主的需求，实现客运快速化，货运物流化。

客运方面，城镇化进程的加快、人民消费结构和消费观念的转变，将导致旅客出行目的、出行模式发生明显变化，商务、旅游、探亲等客流对出行质量（安全、便捷、舒适等）的要求各不相同，需要提供多层次、多元化的运输服务。

货运方面，产业结构的调整和升级，将导致重量轻、体积小、批数多的高附加值货物运输需求快速增长，对集装箱和零散货物的运输需求提供门到门的服务。

（三）社会可持续发展目标对交通发展模式提出了新的需求

"以人为本，全面、协调、可持续的发展观"是党执政兴国的第一要务。中国改革开放30多年来，经济的快速发展为我国综合国力的增强和人民生活水平的不断提高提供了有力保障，但是我们不可避免地在人与自然和谐、统筹的发展过程中出现失衡，尤其是近年来我国大城市环境污染加重、能源紧张等问题都在时时刻刻警示着人们要保持社会经济与环境的协调、可持续发展。即在注意提高经济增长质量和效益的同时，努力实现速度和结构、质量、效益相统一，经济发展和人口、资源、环境相协调，不断保护和增强发展的可持续性。

交通是经济发展的血脉，要发展经济就要大力发展交通运输。但是交通的迅猛发展又会污染环境，消耗更多的资源，并产生诸多负面效应，长期以来，中国交通运输主要沿用消耗大量资源和粗放式经营为特征的传统发展战略，重发展的速度和数量，轻发展的效益和质量；重外延扩大再生产，轻内涵扩大再生产。

进入21世纪，面对巨大的运输需求以及紧张的能源和资源，中国交通运输业发展模式必须发生根本性变化才能够适应国民经济发展需求,因此只有利用科学技术改造交通运输传统产业,走集约化的发展道路,才能够使交通实现可持续发展。

(四)交通资源合理布局的需求

随着城镇化、城市圈、城市带的发展以及经济全球化、经济结构调整、区域经济的发展,对交通运输的运量、流向、质量要求等发生了变化,迫切要求交通运输业按照国家、经济、社会发展的新要求,扩充运输能力,并实现交通资源的合理布局和充分利用。

综上所述,我国交通运输行业必须通过各种技术和手段来实现交通运输业的跨越式发展,即实现交通运输由低水平、不全面、不平衡向更高水平、更加全面、更为平衡的转化过程。具体而言,发展的理念将从侧重解决"瓶颈"和满足基本需求转向注重提高人民生活质量,体现"以人为本"和"人与自然和谐";发展的内容将从偏重基础设施建设转向注重基础设施、运输服务和管理的全面发展,强调运输系统的整体性、功能性和协调性;发展的方式将从注重资源配置效率转向效率与公平并重,增强交通运输的国土开发功能;发展的动力将由注重依靠传统技术应用和劳动者数量投入转向高新技术应用和劳动者素质提高,以信息化提升传统交通运输业,实现质量型、效益型的超常规快速发展。总体发展阶段将由目前的"得到缓解"升级到"基本适应"的新阶段;有条件的地区步入"适应"或"适度超前"的更高阶段,基本实现交通现代化。

二、解决目前城市交通问题的迫切需求

(一)当前大部分地区运输供应能力不足

我国现有交通运输网络的规模小、密度低、地区发展不平衡,承受需求波动的弹性仍然较小,尚没有足够的能力改善运输质量,往往以牺牲服务质量为代价来换取运输能力。尤其是在春运、暑运、"黄金周"等运输繁忙期,运输能力不足、运输质量低下的状况尤为突出。例如,2016年,在春运40多天时间里,为腾出能力加开中长途客车,主要干线短途客车基本停开,货物列车大量减少。即使这样仍然难以满足客运要求。

针对2020年全面建设小康社会、GDP翻两番的目标以及对外贸易的快速增长形势,客货运输需求均将大幅度增长。交通运输作为基础产业,其运输能力

必须与经济发展水平相适应,否则将对经济社会全面健康发展产生新一轮制约。

(二)现代综合交通体系建设进展缓慢

以发达的基础设施、先进的技术装备和高效的组织管理为基础的现代综合交通体系,将各种运输方式融为一体,各展所长、有机衔接、高效运行,具有综合性、集约化、网络化和信息化的时代特征,是交通现代化的发展方向。

在学习国外经验的基础上,我国对综合交通体系的研究始于1959年。1984年,我国把"逐步调整运输结构,尽快建立经济合理、协调发展的现代综合运输体系,发挥各种运输方式的优势,列入了国家技术政策,但由于长期受部门分割的管理体制所制约,综合交通体系规划和管理技术水平低,交通基础设施和技术装备落后,导致我国现代综合交通体系的建设进展缓慢,具有综合功能的运输枢纽尚未形成,各种运输方式缺乏有效衔接,严重影响了交通系统运输能力的发挥和服务质量的提高。

未来20年,我国交通事业仍将处于快速发展期,在各种运输方式总量规模快速增长的过程中,迫切需要国家制定综合交通体系发展规划,指导各种运输方式协调发展,全面提升交通技术装备水平,加快实现综合交通体系现代化进程。

(三)交通事故和死亡率居高不下

交通事故是世界性的公害,全世界每年死于交通事故的人数超过50万人,因交通事故造成的损失平均占GDP的1.5%～2.0%。

我国是交通事故最严重的国家之一,道路交通事故死亡人数居世界第一位。近年来,我国道路交通事故数量、伤亡人数和损失急剧增加。2004年,全国发生道路交通事故567 753起,死亡人数99 217人,直接财产损失达27.7亿元,万车死亡率达9.2人。

重大交通事故造成的社会影响极大。2002年民航"5·7"空难造成112人死亡;1999年"11·24"特大海难造成约300人死亡,获救率不到5%。而2005年3月29日发生在京沪高速公路上的液氯泄漏事故,不但造成了巨大的生命和财产损失,而且造成了极坏的国内外影响。油气管道和运输船舶每年发生的各类泄漏事故高达数百起,对社会和环境造成严重后果。2003年,兰-成-渝成品油管道泄漏100多吨,导致宝成铁路全线停车7小时。

"911"事件以来,交通运输工具和设施一直是国际、国内恐怖主义犯罪活动的主要对象,使交通运输安全上升为关系国家安全的大事。如何防范日益频繁、手段隐秘的恐怖主义袭击,是交通运输安全面临的新课题。

(四)大城市拥堵十分严重

交通普遍面临的问题,我国尤为严重,目前我国113个大城市普遍陷入交通困境。北京城区道路(包括二、三环)高峰时段饱和度已达到0.9,个别时段交通流超过了道路容量。交通拥堵严重影响了社会生活秩序,引发事故率上升,环境污染加剧,经济损失巨大,阻碍了我国城市社会、经济与环境的健康发展,成为社会和公众关注的热点问题。

随着城市发展速度的加快,城市规模的迅速扩大,城市人口的急剧膨胀以及汽车保有量的快速增长,致使城市交通量将迅速增长。到2020年,我国将新增城市人口2.8亿人,城镇化水平将达到51.9%,民用汽车保有量将达到2.5亿辆左右(2017年10月总1.94亿辆),如不采取有效措施,在政策、规划和技术上取得突破,城市交通拥堵问题将更加突出。

(五)交通能耗与环境污染不容忽视

交通运输能源消耗结构不平衡,运输工具大量消耗国内短缺的石油能源,严重影响着我国石油能源的安全。交通运输消耗能源量在能源消耗总量中所占比重、交通运输石油能源消耗量占石油能源消耗总量的比重呈逐年增加趋势。国家铁路能源消耗折算标准煤1 591.60万吨,比上年增长0.9%。单位运输工作量综合能耗4.71吨标准煤/百万换算吨公里,和上年相比略有增加。大量的交通能源消耗导致严重的环境污染,其中,汽车对大气污染的问题尤其严峻。2016年,我国366个城市中,有270个城市未达到国家环境空气质量标准。目前,大气污染中机动车尾气污染已占70%。汽车排出的污染物主要有一氧化碳(CO)、碳氢化合物(HC)、氮氧化物(NO)等以及微粒污染物(或称颗粒污染物)在大城市的许多空气质量监测点已成为左右空气污染指数的首要污染物。严重的环境污染不仅导致高昂的经济成本和环境成本,而且对公众健康构成危害,使建设全面小康社会进程中对环境的要求面临巨大挑战。

第四节 智能交通系统的作用和意义

智能交通系统可以有效地利用现有交通设施、减少交通负荷和环境污染、保证交通安全、提高运输效率,因而日益受到各国的重视。21世纪将是公路交通智能化的世纪,人们将要采用的智能交通系统,是一种先进的一体化交通综合管理系统。在该系统中,车辆靠自己的智能在道路上自由行驶,公路靠自身的智能将交通流量调整至最佳状态,借助于这个系统,管理人员对道路、车辆的行踪将掌握得一清二楚。

智能交通系统实质上就是利用高新技术对传统的运输系统进行改造而形成的一种信息化、智能化、社会化的新型运输系统。它能使交通基础设施发挥出最大的效能,提高服务质量;同时使社会能够高效地使用交通设施和能源,从而获得巨大的社会经济效益。它不但有可能解决交通的拥堵,而且对交通安全、交通事故的处理与救援、客货运输管理、道路收费系统等方面都会产生巨大的影响。智能交通系统的作用主要表现在以下几个方面。

一、顺畅作用

智能交通系统可以增加交通的机动性,提高车辆和行人的通行效率,提高道路、设施的使用效率;提高汽车运输生产率和经济效益。据统计,仅美国每年因交通拥挤而造成的燃油和时间浪费就超过720亿美元。而智能交通系统将大幅度提高运输效率,从而大大减少浪费,减少损失。日本每年因交通堵塞造成的经济损失达12兆日元,时间损失达56亿个小时,给社会和经济带来沉重的负担。如此的交通堵塞还直接导致沿路生态环境恶化、增加大气污染、增大能源消耗等深刻的问题。在已经初步应用"智能车辆引导系统"的日本,车辆"一路绿灯"的机会大大增加,据粗略测算,车辆在路上的迟滞时间减少了远不止10分钟。日本预测实行智能交通系统30年内能在减少交通拥堵方面实现如下目标:减少交通造成的死亡事故数量、缩短人们每天的行车时间、降低人们行车时的紧张程度、改善人们的生活质量。

二、安全功能

智能交通系统可以提高交通的安全水平,降低事故的可能性或避免事故;减轻事故的损害程度;防止事故后灾难的扩大。美国每年因交通事故致死的人数超过4万人,因交通事故造成的损失超过1 500亿美元。日本交通事故死亡人数从1988年以后连续8年达到1万人以上,其中高龄者因交通事故死亡人数大幅增加,预计到21世纪每4人中就有1人为高龄者。ITS能够减少最可能出交通事故的年龄群体(少年儿童、老年人和壮年男子)的交通伤亡。据日本ITS Japan预计,实行ITS 30年后可将现在的交通死亡事故件数减少一半。因此,可见ITS能切实地减少交通事故,其社会效益将是显而易见的。

三、环保作用

智能交通系统可以减轻堵塞;低公害化,降低汽车运输对环境的影响,不仅高效、便利,还是"绿色交通"。有资料表明,由于平均车速的提高带来了燃料消耗量的减少和排出废气量的减少,采用智能交通系统有望减少60％的城市交通拥塞,使短途运输效率提高近70％,汽车油耗也可由此降低15％。交通的顺畅将大幅度减少车辆在路上的迟滞时间,使得汽车尾气的排放也大大减少,从而改善空气质量。例如,在美国广泛使用的交互式导航系统能使车辆废气排放量减少5％～16％,而燃料电池动力车辆排放的废物只有水。据日本的资料,实行ITS后,可望在30年内将CO_2产生量减少15％,燃料消费量降低25％。

第二章
智能交通系统体系结构与相关技术

第一节 智能交通系统体系结构概述

一、智能交通系统体系结构内涵

(一) 基本概念

智能交通系统是一个跨行业、跨部门、多主体、由互相联通的多个应用系统组成的复杂大系统,全面建成需要一个长期的过程,"统筹规划、分步实施、突出重点、全面推进"是建设实施智能交通系统的必然选择。因而在智能交通系统建设过程中,迫切需要一个纲领性和宏观指导性的技术文件,该文件应当能够明确描述智能交通系统未来远景蓝图、清晰定义智能交通系统各组成部分间数据交换内容和系统接口,以保证智能交通系各阶段的建设内容能够在统一的框架下有效集成,使得智能交通系统的各个组成部分之间乃至不同地区的智能交通系统间能够互联互通信息共享。

智能交通系统体系结构就是这样一个适应国家发展计划和支持开发工作、标准化的不同技术成果的通用框架[1],它定义了系统用户所需的功能、系统包含的子系统及其所应具备的功能,以及各个子系统之间的相互关系和集成方式。智能交通系统体系结构设计必须包含实现用户功能的全部子系统的设计。智能交通系统体系结构阐述了其结构体系,列出了用户服务功能,定义了实现用户服务功能的各个子系统,并阐述了各个子系统之间的通信方式、如何协调工作、实

---

[1] 陈旭梅. 智能运输系统[M]. 中国铁道出版社, 2007.

现智能运输系统的系统功能。

智能交通系统体系结构的根本出发点是充分地利用现有交通基础实施资源和信息基础实施资源,为实现这一目的,必须对智能交通系统的整体有一个全面的描述,同时必须保证在进行系统集成时是可控的和无缝隙的,智能交通系统体系框架就是为实现这一点而提供保障的。智能交通系统体系结构决定了在概念和哲学层次上系统如何构成,体系框架既不是一个简单的设计文档,也不是一个技术性的说明,更不是智能交通系统体系结构本身的研究发展过程,而是一个贯穿于智能交通系统体系结构标准研究制定过程的指导性框架,它提供了一个检查标准遗漏、重叠和不一致的依据。基于逻辑框架和物理框架的标准需求,提出了标准制定的出发点和衡量结果的工具。科技人员可以利用制定的标准来设计、研制和管理智能交通系统,同时根据实际需求提出的新的用户服务功能,促进智能交通系统体系结构和国家标准的完善。

(二)功能意义

美、日、欧及世界其他国家和地区的智能交通系统发展经验表明:在研究开发智能交通系统的初级阶段,开展系统体系框架的研究工作是系统全面发展必不可少的基础研究。它是发展智能交通系统的指导性框架,主要用于明确智能交通系统的开发目标,为标准研究工作提供参考,避免重复研究和无计划开发,便于研究成果的大范围应用和智能交通系统技术的发展以及产业化实现[①]。

智能交通系统体系框架是一个适应国家发展计划和支持开发研究、标准化的不同技术成果的通用框架,是一个从事智能交通系统研究开发工作的所有团体都应该支持的通用的体系框架。智能交通系统体系框架为政府机关制定智能交通系统的发展规划提供基本原则,为智能交通系统的建设实施者提供可供参考的实施依据,在规划和准备智能交通系统项目的时候,体系框架可以为其提供支持,并且可以为一个综合的智能交通系统项目提供基本原理。这样的标准结构体系可以确保不同系统间的可互用性、整合性以及兼容性。

体系框架的主要功能如下:

(1)保证通过各种媒体提供给终端用户的信息的兼容性和一致性,即任何终端用户都能通过不同的媒介获得相同的信息;

[①] 张可. 智能交通系统体系框架构建方法与应用[M]. 人民交通出版社,2013.

(2) 保证不同交通基础设施的兼容性,从而可以保证在大范围内的无缝出行;

(3) 为地区、政府机关制定智能交通系统发展规划提供基本原则;

(4) 为服务和设备制造提供一个开放的市场,从而可以提供兼容的子系统;

(5) 确保设备制造商的规模经济,保证他们的更具竞争力的价格和更廉价的投资;提供一个公开的市场环境,设备制造商可以以较小的风险提供产品。

二、智能交通系统体系结构发展

我国政府高度重视智能交通系统体系框架的相关工作,将体系框架作为我国发展的纲领性和宏观指导性技术。自1999年以来,组织国内领域的权威科研机构和专家一直不懈地开展中国智能交通系统体系框架的编制、修改完善方法研究、工具开发和应用推广工作。中国制定智能交通系统体系框架的主要目标如下:

(1) 明确中国智能交通系统的总体需求,在基础设施建设,交通运输系统的运营管理,对制造业第三产业的带动用户服务等诸多方面,全面了解整个商品化社会中的用户对智能交通系统的需求并对用户需求进行分类汇总。

(2) 明确中国智能交通系统体系框架,以用户需求和用户服务为基础,分析中国智能交通系统的总体框架结构,提出系统的基本构成和各构成部分的基本相互关系。

(3) 分析影响中国智能交通系统发展的技术和经济因素。

我国在2001年完成的"九五"攻关项目"中国智能交通系统体系框架研究"中,正式推出《中国智能运输系统体系框架(第一版)》。在此版中,提出了中国智能交通系统的8大领域、34项服务和138项子服务。科技部为了在第一版的基础上进一步推进中国体系框架的相关工作,在2002年正式启动的国家"十五"科技攻关计划专项中,设立了"智能运输系统体系框架及支持系统开发"项目。该项目由国家智能运输系统工程技术研究中心承担,其目标主要有三方面:一是全面修订和完善国家体系框架,形成《中国智能运输系统体系框架(第二版)》;二是开发软件系统,主要为体系框架编制全过程提供支持环境;三是为在国家框架的指导下编制地方体系框架提供范例。在第二版中,用户服务修订为9个服务领域、47项服务和179项子服务。逻辑框架包含10个功能领域、57项功能、101项子功能、406个过程、161张数据流图;物理框架包含10个系统、38个子系统、150个系统模块、51张物理框架流图,并且共提出了58个应用系统①。

三、智能交通系统体系结构开发方法与步骤

科技部于2000年3月组织全国交通运输领域的专家组成专家组,针对"九五"国家科技攻关项目"中国智能交通系统体系框架研究",采用了面向过程的方法,起草了中国智能交通系统体系框架,它自然直观、易于理解。面向过程方法已经在其他工程领域中得到广泛的应用。不同的工程人员一起开发一个系统时(如智能交通系统体系框架的开发),采用面向过程的方法容易被理解。实践也证明,面向过程方法在开发中国智能交通系统体系框架的过程中是行之有效的。

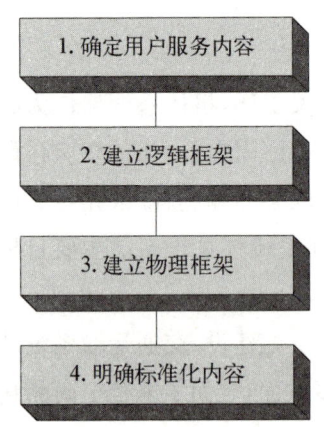

图 2-1 体系框架研究步骤

中国的智能交通系统体系框架研究基本上是按图2-1中几个步骤进行的②。

(一)确定用户服务内容

智能交通系统体系框架的研究首先需要定义用户主体和服务主体,明确服务中的双方,因为后续所有有关智能交通系统用户服务的内容都是在这两者关系的基础上展开的。

通过对政府部门科技主管和智能交通系统领域专家进行咨询,以咨询结果为依据,划分服务领域。然后,以划分的服务领域提出用户对智能交通系统的需求,按照中国实际的需求定义用户服务和子服务,赋予用户服务中国化的含义。

(二)建立逻辑框架

该部分主要从分析用户服务入手,确定系统应该具有的主要功能,并将功能划分为系统功能、过程、子过程几个层次;分析智能交通系统的逻辑结构和各个

---

① 杨兆升,于德新. 智能运输系统概论. 第3版[M]. 人民交通出版社,2015.
② 杨兆升,于德新. 智能运输系统概论. 第3版[M]. 人民交通出版社,2015.

功能之间的关系,明确功能和过程之间交互的主要信息,并以数据流的形式对交互信息进行定义。

(三)建立物理框架

从物理系统的角度分析实际的智能交通系统系统应该具有的结构,并按照系统、子系统、模块等层次对系统进行结构分析;分析智能交通系统物理系统之间的交互信息,并以框架流的形式对此信息进行定义;物理框架中还明确了系统对系统功能的实现关系和框架流对数据流的包含关系,从根本上反映物理框架和逻辑框架之间的关系。

(四)明确标准化内容

主要确定与智能交通系统相关的技术(如通信技术等)、标准智能交通系统相关的设备接口标准、智能交通系统各子系统之间的接口标准及智能交通系统体系框架内部连接的图表等。

智能交通系统标准是建立在一个开放的智能交通系统环境基础上的,这个开放环境是用来实现交通部门提出的目标。制定相关标准,以便在不同地区之间设置可以相互兼容的系统,不需要限制因技术进步和新方法发展而带来的变革。

第二节 智能交通系统的构成

智能交通系统是一个运用现代电子信息技术面向交通运输的服务系统,它最大的特点是将信息进行收集,然后对信息进行处理、发布、交换、分析、利用,从而建立起实时、准确、高效的交通运输控制和管理系统,最终为交通的参与者提供多样性的服务。

智能交通系统的工作流程是:首先通过布设各种检测设备,获取需要的交通信息,并通过有线或者无线的网络通信技术,将获取的交通信息进行传输和汇集;其次将所有数据进行处理,从而达到监控和管理交通基础设施以及交通流量的目的,并最终应用于实际的交通环境中,为交通使用者及管理者提供服务。智能交通系统具有典型的物联网架构,由感知层、处理层和应用层组成,如图2-2所示。

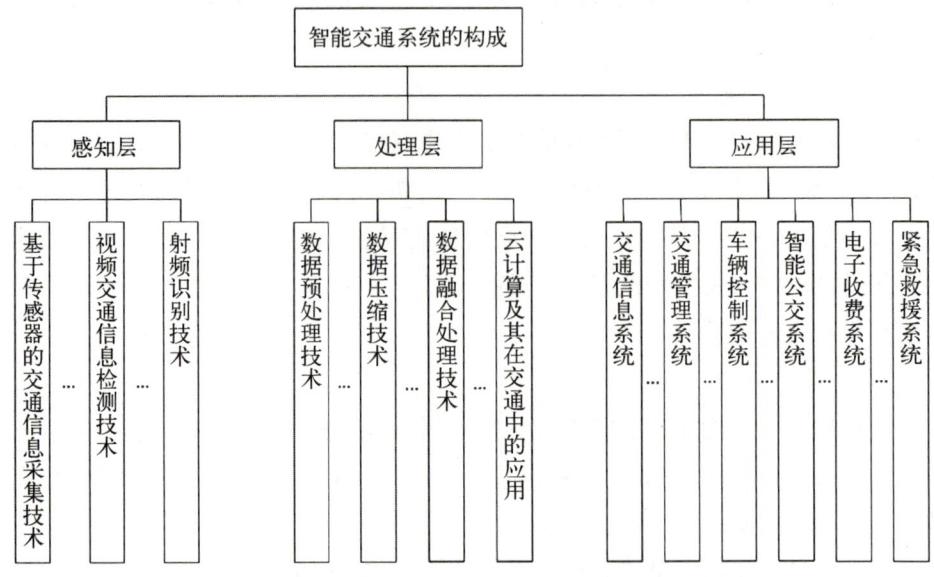

图 2-2 智能交通系统构成框架图

一、感知层

智能交通系统的感知层主要通过各种传感终端设备实现交通基础信息的采集，然后通过通信传感网络将这些传感终端设备连接起来，使得其从外部看起来就像一个整体，这些传感终端设备就像神经末梢一样分布在城市交通的各个环节中，不断地收集视频、图片、数据等各类信息。本节将介绍基于传感器的交通信息采集技术[1]、视频交通信息检测技术、射频识别技术三种检测技术[2]。

（一）基于传感器的交通信息采集技术

传感器将检测到的交通信息通过通信方式送到交通管理中心，交通管理中心对传来的数据进行处理，如图 2-3 所示。

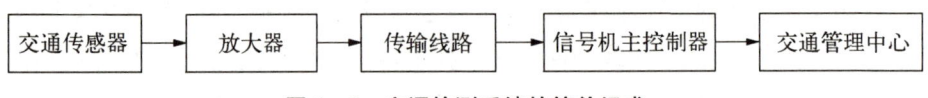

图 2-3 交通检测系统的简单组成

---

[1] 王学慧，丁立波，于世军. 交通信息技术基础[M]. 国防工业出版社，2015.
[2] 王学慧，丁立波，于世军. 交通信息技术基础[M]. 国防工业出版社，2015.

传感器多用于车辆、行人的交通流相关参数的信息采集。基于传感器的交通信息采集技术具体又可分为路面接触式与路面非接触式两类。其中,最先开始发展的是接触式的交通信息采集技术,代表有压电和压力管探测、环形线圈、磁力式探测。这些采集装置具有共同的特点,即需要埋藏在路面之下,当汽车经过采集装置上方时,会引起相应的压力、电场或磁场的变化,采集装置通过采集力和场的变化并最终将其转换为所需要的交通信息。经过多年的发展,路面接触式的交通信息采集技术已经很成熟,其测量精度高,易于掌握,一直在交通信息领域占有主要地位。但是这种路面接触式的交通采集装置存在安装维护困难,安装过程中需要中断交通、破坏路面等缺陷;加之随着车辆增多,车辆对道路的压力增大,感应线圈易受冰冻、路基下沉、盐碱等自然环境影响,导致这类装置的使用寿命也越来越短,使用成本也显著上升。此外,由于路面的特殊性有些地段(如桥面、隧道内)不允许或者难以进行路面施工,因而无法安装检测装置。

新近发展起来的基于传感器的路面非接触式交通信息采集装置主要有波频探测和激光探测两大类,在安装维护及使用寿命方面与路面接触式交通采集装置相比具有很大的优势。

波频探测又可以分为微波、超声波和红外三种,其中除了超声波探测只能进行单车道交通信息采集外,其余两种探测技术都可以进行多车道交通信息采集。由于安装维护简单,路面非接触式交通信息采集技术发展非常迅速。

1. 环形线圈检测器

环形线圈检测器是一种基于电磁感应原理的车辆检测器,传感器是一个埋在路面下面、通过一定工作电流的环形线圈。当车辆通过线圈或停在线圈上时,车辆引起线圈回路电感量的变化。检测器检测出变化量就可以检测出车辆的存在,从而达到检测目的,如图 2-4 所示。

环形线圈具有一定的电感,其电感的大小取决于它的周长、宽度、截面的有效半径、圈数以及周围介质的情况。当车辆通过环形线圈上方,造成其电感值降低。加入一定频率的交流信号,通过检测环形线圈两端的电压,即可检测出电感值的变化。变化的电压产生脉冲,滤波后,测量脉冲的个数即为车辆的个数,占空比即为占有率。

当车辆进入环形线圈的检测区域时,汽车(作为金属体)本身产生涡流(感应电流),由于涡流的反磁场作用使线圈的电感量发生变化,从而导致振荡器的电

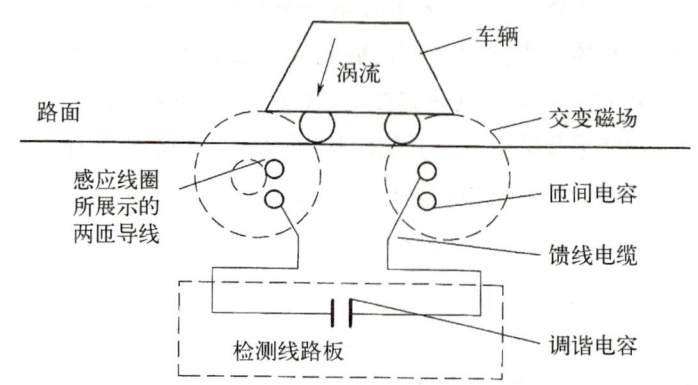

图 2-4　环形线圈检测器原理示意图

性能发生变化（即阻抗变化、相位变化、谐振频率变化）。检测电路经一系列处理后，输出一个与汽车通过相应的输出信号。当无车通过时，谐振回路的谐振频率与外加激励信号的频率相等，此时谐振回路处于谐振状态，检测器无输出。当车辆通过时，车身金属中感应出涡流电流，涡流电流使磁场磁力线减少，调谐电路中的环形线圈电感值随之降低，从而引起电路调谐的频率上升。检测处理单元就是通过对振荡频率的反馈电路的频率改变或者是相位偏移的响应，得出一个检测到车辆的输出信号（见图 2-5）。

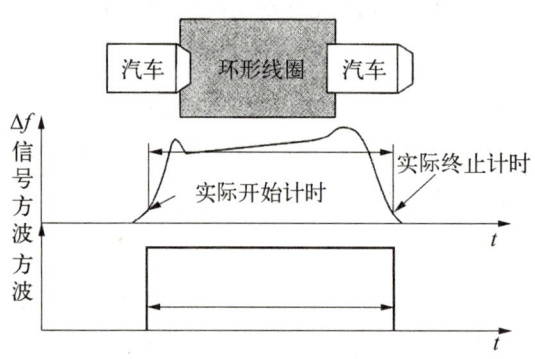

图 2-5　环形线圈检测器车辆检测过程波形图

环形线圈检测器主要分为通过型环形线圈检测器和存在型环形线圈检测器两类。

通过型环形线圈检测器的检测线圈是无源地磁感应线圈，即环形线圈无源激励。当汽车从环形线圈上方通过时，因汽车系金属，必然干扰环形线圈周围的地磁场，改变线圈周围的磁力线分布，从而导致磁通量变化。由于这一变化，根据法拉第电磁感应原理，线圈两端有感应电动势产生。

存在型环形线圈检测器属于有源激励检测，它需要在环形线圈两端加上一个具有一定振荡频率的激励源。其工作原理如前所述。

环形线圈检测器可检测流量、占有率、车速、排队长度等,用于流量检测时,线圈长度尽可能地小于车间距;对于车速和占有率检测,在实际应用中,大多采用两个技术参数完全相同的线圈,既可用来检测车速,又可用来检测占有率。

环形线圈的安装一般有两种方式:一种是埋入路面下,优点是抗干扰能力强,受道路车辆冲击小。缺点是安装工程量大,破坏路面,安装时影响交通,维护工作量大。另一种是在路面切割出槽,将环形线圈放入槽中,再通过一些特殊胶对其密封,该方法减少了工作量,但还是破坏了路面,维护不方便。

2. 超声波检测器

超声波检测器由超声探头和检测电路两部分组成。超声波检测器是通过接收由超声波发生器产生并经车辆反射的超声波来检测车辆的。超声波检测器同微波雷达探测器一样,可用来探测距离和速度。

超声波检测器发出频率在 20~65 Hz 之间的声波。检测器一般安装在车道的正上方,向车道发射超声波束,形成测量区域。发射的声波被路面或测量区域内的车辆反射或散射。超声波车辆检测器的工作原理可分为两种:传播时间差法和多普勒法。

(1) 传播时间差法

这是一种将超声波分割成脉冲射向路面并接收其反射波的方法。当有车辆时,超声波会经车辆提前返回,检测出超前于路面的反射波,就表明车辆存在或通过。

如图 2-6(a)所示,若超声波探头距地面高度为 H,车辆高度为 h,波速 v,发自探头的超声波脉冲的反射波从路面和车辆返回的时间分别为 t 和 t',则:

$$t = \frac{2H}{v}, \ t' = \frac{2(H-h)}{v}$$

可见时间 t' 与车辆高度 h 相对应。这个特点既用来判别车辆存在,也可用于估计车高。从图 2-6(b)中还可看出,调整启动脉冲的启动时间和宽度,能够限制输出信号发生的时间 t' 的范围,由上式就可以得出能被检测出来的车辆对应的车高范围。一般超声波检测器能检测出车高处于 0.75~1.6 m 的车辆。

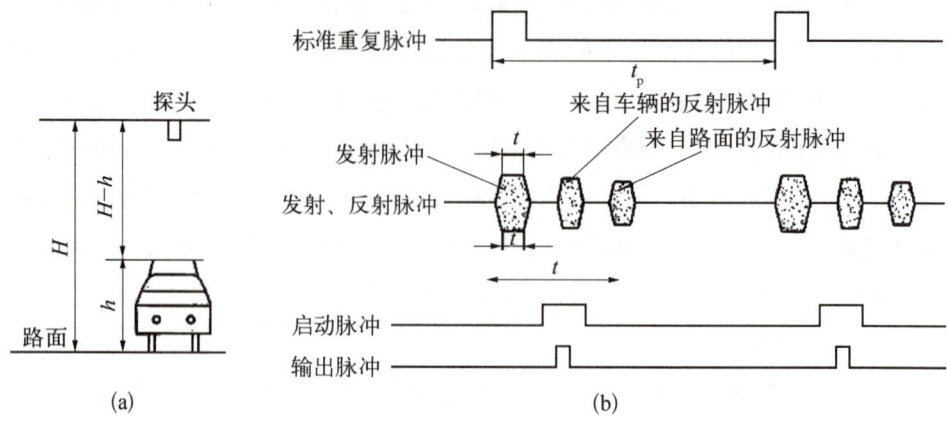

图 2-6 超声波传播时间差法检测车辆原理

(2) 多普勒法

超声波探头向空间发射超声波同时接收信号,如果有移动物体,那么接收到的反射波信号就会呈现多普勒效应。利用此方法可检测正在驶近或正在远离的车辆,而不能检测出处于检测范围内的静止车辆。

由于超声波检测器采用悬挂式安装,这与路面埋设式检测器(如环形线圈)相比有许多优点:首先是不需破坏路面,也不受路面变形的影响;其次是使用寿命长,可移动,架设方便,在日本交通工程中被大量采用。其不足之处是容易受环境的影响,当风速6级以上时,反射波产生飘移而无法正常检测;探头下方通过的人或物也会产生反射波,造成误检。所以超声波检测器要按照一定的规范安装。

3. 微波雷达检测器

微波车辆检测器是利用雷达线性调频技术原理,对路面发射微波,通过对回波信号进行高速实时的数字化处理分析,检测车流量、速度、车道占有率和车型等交通流基本信息的非接触式交通检测器。微波车辆检测器是一种价格低、性能优越的交通检测器,可广泛应用于城市道路和高速公路的交通信息检测。

常用的微波检测器有雷达测速仪和微波车辆检测器。

(1) 雷达测速仪

主要应用于道路交通巡逻、车流速度检测等方面,利用多普勒原理测量移动车辆的速度。在观察光波、声波、电磁波时,如果波源和观察点之间发生相对运动,其频率便会随之改变(多普勒原理),根据测量的频率变化量可以反推得到车速。

(2) 微波车辆检测器

采用侧挂式,在扇形区域内发射连续的低功率调制微波,并在路面上留下一条长长的投影。以 2 米为 1 层,将投影分割为 32 层。用户可将检测区域定义为一层或多层。根据被检测目标返回的回波,测算出目标的交通信息,每隔一段时间通过 RS-232 向控制中心发送。它的车速检测原理是:根据特定区域的所有车型假定一个固定的车长,通过感应投影区域内的车辆的进入与离开经历的时间来计算车速。一台微波车辆检测器侧挂可同时检测 8 个车道的车流量、道路占有率和车速,如图 2-7 所示。

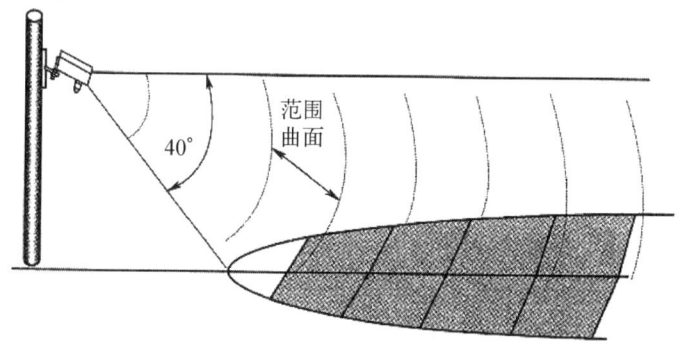

图 2-7 微波车辆检测器检测原理示意图

微波车辆检测器的测量方式在车型单一、车流稳定、车速分布均匀的道路上准确度较高,但是在车流拥堵以及大型车较多、车型分布不均匀的路段,由于遮挡,测量精度会受到比较大的影响。另外,微波检测器要求离最近车道有 3 米的空间,如要检测 8 车道,离最近车道也需要 7~9 米的距离而且安装高度达到要求。因此在桥梁、立交、高架路的安装会受到限制,安装困难,价格也比较昂贵,如图 2-8 所示。

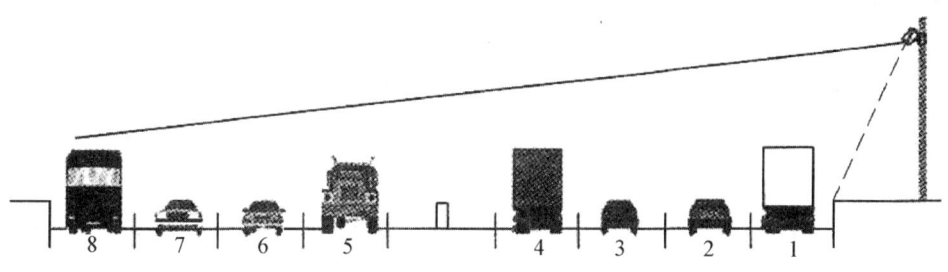

图 2-8 微波检测器侧向安装检测 8 车道示意图

4. 地磁车辆检测器

地球的磁场在几千米之内是恒定的,但大型的铁磁性物体会对地球磁场产生巨大的扰动。当车辆通过时对地磁的影响将达到地磁强度的几分之一,而地磁传感器可以分辨出地球磁场 1/6 000 的变化,因此地磁车辆检测器是通过探测车辆通过时对地球磁场产生的扰动来探测车辆的。

地磁车辆检测器是一种被动式检测器,它本身不发射任何信号,其主要由地磁探头和检测电路组成。探头为呈筒状的非金属密闭棒,内有一个带有磁心的电感线圈。当车辆通过时,对地磁场产生扰动,使探头线圈上产生感应电动势来检测车辆的通过,属于通过型车辆检测器。对车速有一定要求,因此在车速较低的路段不宜采用。

该技术具有极高的灵敏度,在国外的应用非常广泛。这种利用车辆通过道路时对地球磁场的影响来完成车辆检测的传感器,与目前常用的地磁线圈(又称地感线圈)检测器相比,具有安装尺寸小、灵敏度高、施工量小、使用寿命长、对路面的破坏小(有线安装需要在路面开一条 5 毫米宽的缝,无线安装只需在路面打一个直径为 55 毫米、深 150 毫米的洞,当在检测点吊架或侧面安装时不用破坏路面)等优点,在智能交通系统的信息采集中起到非常重要的作用。

(二)视频交通信息检测技术

对于交通管理人员,平交口的电视图像是最直接的交通信息,同时也是最大的交通信息源。国外从 20 世纪 70 年代起就开始了运用视频检测技术检测交通参数的研究,并在理论和实践方面取得了丰硕的研究成果,从 20 世纪 90 年代起进入了商业化阶段,成熟产品如美国的 Autoscope 系列产品、ITERIS 系列产品,英国的 Peek 系统等,它们代表了视频交通领域研究的较高水平,并覆盖了大部分的市场份额。我国的视频检测系统是在世界智能交通热的推动下逐渐发展起来的,还处于初级阶段。我国较成熟的产品有川大智胜公司的基于 PC 平台实现的视频采集系统、清华大学的 VISATARAM 系统和哈尔滨工业大学的 VTD3000 视频交通动态信息采集及事件分析仪等。当前,国内外院校、公司纷纷将产品研发方向转向于基于数字信号处理(Digital Signal Processing,DSP)的嵌入式平台开发。

相比于传统的环形线圈检测器,基于视频图像处理的交通信息采集作为一种新兴的检测技术,已受到国内外的广泛重视。视频采集检测具有图像监控和交通数据采集双重功能,其灵活性要大于感应线圈并且视频采集设备还可以移到新的地方使用,无须破坏路面。视频采集检测的基本思想是:通过摄像机采集道路现场图像,并利用数字视频处理技术获取道路交通信息。随着图像处理技术的发展,视频采集检测技术已经走向市场,应用到交通管理工作中。

1. 视频采集检测技术的原理及特点

(1) 视频检测系统的组成和原理

视频采集检测属于非接触式的检测方法,是利用视频、计算机及现代通信等技术,实时对交通动态信息的采集。

图像检查是指利用拍摄的视频图像,采用模式识别和图像处理技术,识别图像中的行人或车辆。视频采集检测系统通过安装在平面交叉口或路段的摄像机采集交通图像,再进行图像处理,得到车流量、瞬时车速度、指定时间段内的车速统计平均值、车型分类、占有率、平均车距等交通动态信息,并可对监控范围内的交通事件自动报警,从而为交通的信号控制、信息发布、交通诱导、指挥提供实时、动态的交通信息。通常一台摄像机可观测多车道,视频采集检测系统可以处理多个摄像机拍摄的数据。视频采集检测技术对视频交通图像数据处理及特征提取都是实时进行的,其处理过程如图2-9所示。

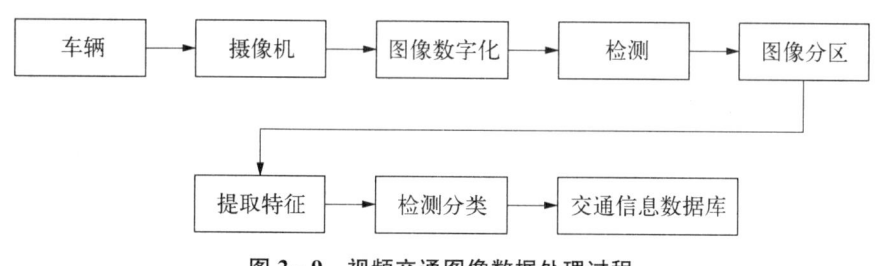

图 2-9 视频交通图像数据处理过程

视频交通信息采集系统的摄像机对车辆进行拍摄,将拍摄到的图像进行存储并数字化,对图像初步处理,去掉多余信息,接着对图像进行分区,对各分区图像进行处理,提取特征信息,根据特征信息进行车辆计数、分类,根据相邻图片得到车速、车流量等交通参数,最后在拍摄区域内跟踪所辨识出的车辆。视频采集检测技术中交通图像处理通常有两种算法:第一种是将摄像机拍摄的区域分成若干小区域,视频采集检测系统对各小区域进行图像处理,小区域可以与车道垂直、平行、斜交。由于视频采集检测系统的一个摄像机的检测区域可跨多车道,所以一个视频采集检测系统可以代替许多环形线圈车辆检测器或其他检测器，对更大区域进行车辆检测；另一种是连续跟踪在摄像机拍摄区域内行驶的车辆，通过对车辆的多次图像信息采集，如果确定车辆图像不变，就对车辆图像进行记录并计算其速度和车辆排队长度。

视频采集检测对摄像机有一定的要求，其中频率与分辨率的要求与一般电视监视系统的要求是一样的。摄像机一般安装在路面上方或路中间的分隔带上，通常安装于现成的杆柱、桥梁或建筑物上。为了准确获得速度、车头时距等参数，要求摄像机必须准确安装，镜头离地面高度至少超过 7 米，以避免被测车辆在摄像机的视野中被另一车辆遮挡。其工作流程如下：① 将摄像机安装在合适的高度（7～20 米）；② 摄像机输出接到视频检测器；③ 在摄像机画面上设置检测线和检测区；④ 通过图像处理板经特殊算法测到交通数据；⑤ 通过视频压缩板和通信板、线圈检测器得到的图像和数据可传到远端控制中心；⑥ 最后得到的叠加有交通数据的视频图像、交通数据则可通过通信口输出。

视频采集检测最基本的任务就是对道路上行驶的各种车辆进行检测，几乎所有的交通参数的获取都源于对车辆的检测，而车辆检测的关键就是运动目标检测。已有的基于视频处理的运动目标检测与提取技术，根据不同的分类方式可以有不同的分类。从所使用的摄像头数目来看，可以分为单目视觉和多目视觉。单目视觉只采用一个摄像头来获取运动场景中的视频图像，而多目视觉则采用两个或两个以上的摄像头同时获取运动场景中的视频图像，利用不同的摄像头的视觉差可以获得运动场景更多的信息。根据所采用的技术不同，常用的基于视频原理的运动目标检测和提取技术有立体视频分析法、邻帧差法及背景帧差法。

① 立体视频分析法。立体视频分析法采用两个或两个以上的摄像头来获取运动场景的图像，与人眼类似，单目或多目视觉在各视场之间存在一定的偏差，利用这个偏差就可以恢复出目标的高度或深度信息，因此比普通的单目视觉系统要多输出一些信息。立体视频分析法能够提供很好的检测效果，尤其是当多个运动目标间距之间有部分被遮挡时，能够很好地将它们分离开来。另外，立体视频分析法能够很好地判断出运动目标和它的阴影之间的区别，从而避免将阴影也判断成运动目标。但是，立体视频分析法至少需要两个摄像头，而且要考虑多个摄像头之间在采集图像时的同步问题，因此硬件成本比单目视觉要高很

多。立体视频在软件上需要对摄像头采集到的图像进行标定,以消除摄像机参数不同对图像造成的影响,因此从时间复杂度上说,立体视频分析法需要较多的运算时间。

② 邻帧差法。邻帧差法是把两幅相邻帧相减,滤出图像中的静止事物,通过阈值化来提取运动信息。基于邻帧差法的运动检测对场景中的光线渐变不敏感,较好地克服了外界背景的不确定因素,检测有效且稳定,但一般不能提取所有相关的特征像素点,在运动实体内部容易产生空洞现象。检测位置不够精准,特别是当目标的运动速度较快,在相邻帧之间的运动位移较大时,这种方法将导致差分图像中运动变化区域内被覆盖和显露的背景区域较大,从而极大地影响运动目标区域的准确提取。

③ 背景帧差法。背景帧差法的基本思想是:先形成交通场景的背景图像,然后将待检测图像逐像素相减(理想情况下的差值图像中非零像素点就表示了运动物体),进而就可以运用阈值方法将运动物体从背景中分离出来。背景帧差法一般能够提供最完全的特征数据,但需要建立初始背景,而且对于动态场景的变化(如光照和外来无关事件的干扰等)特别敏感。为了确保检测的稳定性和可靠性,需要不断地更新背景来消除这种影响。此外,背景帧差法应考虑路况,车辆不能过多,以确保更新的背景真实可靠。这种方法不适合平交口进口车道处和车距较小的情况,因为突然停止的车辆会导致背景瞬间变化,引起较高的误判率。

(2) 视频采集检测系统的功能

基于视频采集检测技术的视频采集检测系统能提供三类交通信息:

① 实时交通数据:车速、车辆数、车身长度及车队长度等;

② 统计性交通数据:平均车速、车流量、道路占有率等;

③ 交通事故信息:车辆延迟时间过长、车道占有率过高、车队队列过长、违法停车、车辆闯红灯等,并可启动高解像数字摄像机,拍下违反交通规则的车辆号码。

视频检测系统还能够直接探测在摄像机焦距范围内的交通异常状况,如交通拥挤、交通堵塞和交通事故等。当视频检测系统检测到某个检测点有交通异常状况时,它将发出报警信息。控制室的操作员获得报警信号后,可以将显示的视频输出信号切换到该检测点的有关摄像机,以便核实和验证异常交通状况。

(3) 视频采集检测技术的优缺点

视频采集设备安装方便,摄像机可以覆盖较宽的区域,能够进行真正意义上的大区域检测。在智能交通系统中,将视频采集检测技术用于道路交通流量、车型分类统计、车速等数据采集是较为适用的,但若用于更多的交通情况调查,如出行信息、OD调查等,就显得无能为力了。

视频采集检测技术的优点是:设备易于安装和调试,系统维护费用低,不破坏路面,施工时基本不会影响交通;单台摄像机和检测器可以检测多车道信息;能实时进行各种车辆违章行为的采集及各种交通异常状况的采集和报警,如拥堵及事故等;具有图像可视和交通数据采集双重功能。

视频采集检测技术的缺点是:大型车辆遮挡随行的小型车辆时,会因为摄像机高度和检测域距离设置不当而造成漏检;交通流参数的检测会因为检测环境(如雪、雾、雨、风等恶劣天气环境)、阴影、昼夜变换、能见度及照明条件等因素的影响而产生误差。

2. 视频检测器的应用

随着计算机技术和微电子技术的快速发展,视频采集检测技术作为智能交通管理系统领域中重要的信息采集手段之一,对提高道路管理水平、降低交通事故发生率有着至关重要的作用。目前,其在智能交通领域的应用主要集中在以下几个方面:

(1) 交通综合检测系统

交通综合检测器利用各种先进的图像处理算法和计算机智能优化算法对所采集的视频图像进行处理,能够对各种交通事件、事故(如火灾、车辆行驶、交通拥堵、车辆逆行、车辆排队超限、低能见度检测等情况)进行自动检测和监控,同时,可以用来检测各种基础交通数据,如车流量、车速、车道占有率、排队长度等,可应用于高速公路或城市道路采集交通数据进行交通控制和交通信号控制。采用交通综合检测器,能够实时地进行交通参数检测、交通事件报警以及交通事件记录、传输、统计和诱导,从而有效地对道路交通进行管理,提高公路网的交通运输能力,为道路交通安全管理和道路运营提供极大的帮助。

(2) 电子警察系统

广义上的电子警察系统包括机动车闯红灯检测系统、超速违章检测系统、移动式车辆侦查系统、公交车道检测系统、压双黄线检测系统、非机动车道行车检测系统、逆行禁行车辆检测系统及紧急停车带行车检测系统等。电子警察系统的出现可以大大缓解因违章行为导致交通事故增加与警力少和警务人员劳动强度大的矛盾，有效地抑制由于人为违章引起的交通事故。尤其是近年来，大中城市加快电子警察系统的建设，很多中小城市也开始进行城市道路监控。电子警察系统的建设，使交通监控已经成为安防行业增长最快的领域之一。

（3）交通卡口系统

交通卡口系统采用先进的光电子技术、图像处理技术及模式识别技术对城市主要出入口和主要路段过往的每一辆车都拍下图像，对车牌号码、行驶方向、车速及通行时间等各种数据进行自动记录。

（4）城市停车诱导系统、出入口及停车场识别系统

随着交通拥挤、堵塞、事故、环境污染等问题成为难以解决的现代化社会问题，改变交通状况的研究越来越受到各国政府的重视和民众的关心，"停车难"日益成为制约我国大中城市发展的瓶颈。利用现代科学技术，引入城市停车诱导系统，可在节省巨大建设费用的同时，改善"停车难"的状况。出入口及停车场识别系统能够在车辆出入口时自动记录车辆号牌，并记录车辆照片，极大地方便了车辆的进出管理，减少了车辆进出的等待时间，提高了系统的工作效率。

实践表明，视频采集检测系统的功能不同于单纯的环形线圈车辆检测器，它能够准确地完成交通流量检测、数据收集、交通堵塞和交通事故的自动检测与报警，比其他交通检测技术能够采集更多、更全面的数据，实现了真正的大区域交通检测。随着图像处理技术的进步和其他相关技术的发展以及检测功能的扩展和系统成本的降低，视频采集检测技术必将得到不断的提高和更为广泛的应用。

（三）射频识别技术

射频识别（RFID）又称无线射频识别，是一种能够通过射频信号识别目标并进行数据交换的非接触式自动识别技术。射频识别技术凭借数据容量大、读写速度快、稳定性高、使用寿命长等优点得到了广泛应用。

1. 射频识别检测器系统的组成

典型的射频识别系统主要包括三个部分：电子标签（又称为射频卡、应答器）、读写器（又称为阅读器、读头、扫描器）以及后端计算机，如图 2-10 所示。

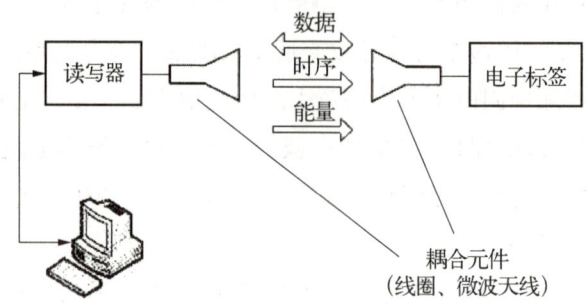

图 2-10　射频识别系统基本组成框图

(1) 电子标签

电子标签是射频识别系统真正的数据载体,一般保存有约定格式的电子数据。典型的电子标签电路主要由天线和微型芯片构成,如图 2-11 所示。

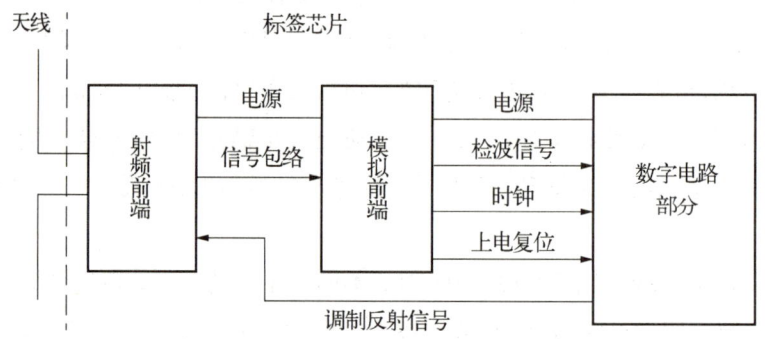

图 2-11　典型电子标签电路

标签中的天线用于接收读写器的射频能量和相关的指令信息,发射携带有标签信息的反射信号。标签芯片射频前端的主要功能是:将标签天线端输入的射频信号整流为供标签工作的直流能量;对射频输入的 AM 调制信号进行包络检波,得到所需信号包络,供后级模拟端比较电路工作使用;将数字电路部分送来的返回信号对天线端进行调制反射。模拟前端的主要功能是:为芯片提供稳定的电压;将射频输入端得到的包络信号进行检波得到数字电路所需的信号;为数字电路提供上电复位信号;提供芯片的稳定偏置电流;为数字电路提供稳定的时钟信号等。数字电路部分是电子标签的大脑中枢,通常是一个电路芯片内部包含控制逻辑、加密逻辑、微处理器以及数字存储器等,其主要功能是存储被识别物体的信息内容,并可在外部供电的情况下,通过对读写器发出的相关指令信息的判断,做出必要的数据处理及输出相关的数据信息。

在实际应用中,电子标签通常附着在被识别物体的表面或嵌入在物体的内部。标签内存储有被标识物体的属性、状态、编号等信息。这些信息可以由读写器以无线电波的形式非接触地读取。按照供电方式的不同,电子标签可分为有源标签和无源标签。有源是指标签内有电池提供电源,其作用距离较远,但寿命有限、体积较大成本高,且不适合在恶劣环境下工作;无源标签内无电池,它利用波束供电技术将接收到的射频能量转化为直流电源为标签内电路供电,其作用距离相对有源标签短,但寿命长且对工作环境要求不高。

(2) 读写器

读写器是连接应用系统和电子标签的桥梁。其基本任务就是启动电子标签,与电子标签建立通信并在应用系统和电子标签之间传送数据。所有系统的读写器均可以简化为两个基本的功能块:控制单元和由发送器及接收器组成的高频接口,如图 2-12 所示。

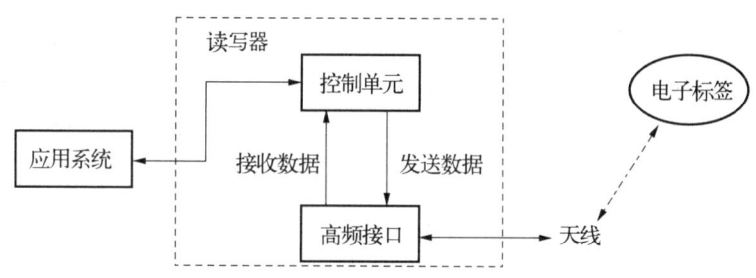

图 2-12 读写器的基本组成框图

读写器的高频接口担负以下任务:产生高效的射频信号,以启动电子标签或为它提供能量;对发射信号进行调制,用于将数据安全地传送给电子标签;接收并解调来自电子标签的高频信号。在高频接口中有两个分割开的信号通道,分别用于往来于电子标签的两个方向的数据流传输。发送给电子标签的数据通过发送器分支,而来自电子标签的数据通过接收器分支来接收。读写器的控制单元担负下列任务:与应用系统进行通信,并执行应用系统软件发来的各种命令;控制与电子标签的通信过程;对发送信号进行编码和对接收信号进行解码。

对于复杂的系统还要有如下附加的功能:对读写器与电子标签间传送的数

据进行加密和解密；执行反碰撞算法；进行读写器与电子标签的身份验证。

（3）后端计算机

读写器与应用系统软件之间的数据交换是通过读写器接口来完成的。接口可以是 RS232 或 RS485 串口，也可以是 RJ45 以太网以及无线 WLAN 接口。其通信协议一般是在标准协议基础上进行自定义的协议。

2. 射频识别系统的基本特征

射频识别系统种类繁多，可从以下基本特征方面进行区别。

射频识别系统的基本工作方式可以分为全双工（FDX）和半双工（HDX）以及时序系统（SEQ）。对于全双工和半双工系统来讲，电子标签的响应是在读写器接通高频电磁场的情况下发送出去的。与读写器本身信号相比，电子标签的信号在接收天线上非常弱，所以必须使用合适的传输方法，以便将标签信号与读写器信号区分开。实践中使用的电子标签到读写器的数据传输方法通常有负载调制、有副载波的负载调制以及读写器发射频率的谐波。在时序方法中，读写器的电磁场周期性断开，这些间隔被标签识别出来，并被用于标签到读写器的数据传输。此方法的缺点是，在读写器发送间歇，读写器对标签的能量供应中断，这样标签就必须配置足够大的补偿电容来存储能量，以便标签能够连续工作。

射频识别系统标签的数据存储量通常在几个字节到几千个字节之间。但也有一个例外，就是 1 bit 应答器，它只有 1 bit 的数据量，使阅读器能发出两种状态的信号：在电磁场中有或无应答器，因此该应答器不需要芯片，生产成本低，大量应用于商品防盗系统中。

电子标签能否写入数据也是区分射频识别系统的一个特征。对一些简单的系统来说，电子标签的数据组是很简单的（序列）号码，是在加工芯片时集成进去的，以后不能改变。而可写入的电子标签，可通过读写器写入数据。为了存储数据，主要使用三种方法：电可擦可编程只读存储器（EEPROM）、铁电随机存取存储器（FRAM）和静态随机存取存储器（SRAM），一般采用 EEPROM 存储数据。FRAM 与 EEPROM 相比具有写入功耗小、写入速度快等特点，但由于生产问题未能广泛应用。SRAM 写入速度更快，但要长久保存数据需要辅助电池供电。

对可编程系统来说，必须由数据载体的"内部逻辑"控制对存储器的写读操作以及对写/读授权的请求。最简单的情况就是使用状态机来完成对电子标签内部逻辑的控制功能,也可采用微处理器来控制。采用状态机模式成本较低,采用微处理器模式更加灵活,软件可以调整以适合各种专门应用。利用各种物理效应也可以存储电子标签的数据,例如声表面波射频标签。

射频识别系统的一个重要特征就是系统的工作频率和作用距离。通常把读写器发送时使用的频率称作射频识别系统的工作频率。不同频率的射频识别系统具有不同的特点,有着不同的技术指标和应用领域。其中,中低频段近距离射频识别系统主要集中在 125 kHz～13.56 MHz 系统;高频段远距离射频识别系统主要集中在 915 MHz、2.45～5.8 GHz 频段。远距离射频识别系统在北美得到了很好的发展;欧洲的应用则以有源 2.45 GHz 系统较多;5.8 GHz 系统在日本和欧洲均有较成熟的发展。

无线射频识别系统的工作频率对系统的工作性能具有很强的支配性。从识别距离、穿透能力等特性来看,在低频率和高频率两个频带具有很大的对比性。低频率具有较强的穿透能力,能够穿透水、金属、动物包括人的躯体等导体材料,但在同样功率下,传播的距离很近。高频率则具有较远的传播距离,但是也很容易被上述导体媒介所吸收,因此对于可导障碍物,其敏感性很强。

对于车辆自动识别系统,要在车辆行驶状态下采集车辆信息,要求系统的识别速度必须足够高。在已公布的射频识别国际标准 ISO/IEC 18000 草案中可以看到,适用于车辆自动识别管理的射频识别系统可用的工作频率为 UHF、2.45 GHz 和 5.8 GHz。

3. 射频识别系统的工作原理

射频识别系统也是一个数字通信系统,读写器与电子标签之间的数据传输同样需要三个主要功能块,即发送端(读写器或电子标签)的信号编码与调制器、传输介质以及接收端(电子标签或读写器)的解调器与信号译码,如图 2-13 所示。

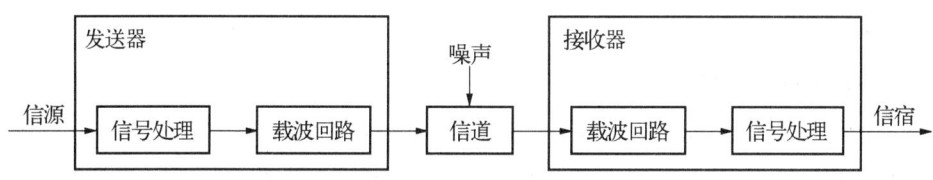

图 2-13 数字通信系统模型

射频识别系统中读写器和电子标签之间的通信通过电磁波来实现，按照通信距离可分为远场和近场。读写器和电子标签之间数据交换方式也相应的称为负载调制和反向散射调制。

（1）负载调制

对于电感耦合系统，读写器天线和电子标签天线之间可看作一种变压器模型。在这种情况下，电子标签天线上负载电阻的接通和断开，将反映在读写器天线上的电压发生变化，从而实现用远距离电子标签对读写器天线上的电压进行振幅调制。如果通过数据控制负载电压的接通和断开，那么这些数据就能够从电子标签传输到读写器。这种数据传输方式称作负载调制。

还有一种特殊的负载调制称为使用副载波的负载调制。由于读写器天线与电子标签天线之间的耦合很弱，读写器天线上表示有用信号的电压波动在数量级上比读写器的输出电压小。以 13.56 MHz 系统来说，当天线电压大约为 100 V（通过谐振使电压升高）时，只能得到大约为 10 mV 的有用信号，而要检测这些很小的电压变化需在电路上花费巨大的开销，为避免这种开销，可利用由天线电压振幅调制所产生的调制波边带的方法。其基本原理为：如果电子标签的，附加负载电阻以很高的时钟频率 f_H 接通或断开，那么在读写器发送频率相距 $\pm f_H$ 的频率轴上产生两条谱线（如图 2-14 所示），这种新的基本频率称作副载波。数据传输是

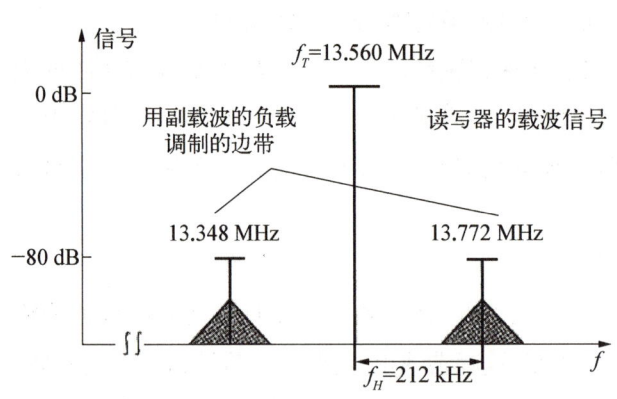

图 2-14　通过使用副载波的负载调制

及时在数据流中通过振幅键控、频移键控或相移键控调制来完成的，这种方法称为副载波的振幅调制。

（2）反向散射调制

在典型的远场，如 915 MHz 和 2.4 GHz 射频识别系统中，读写器和电子标签之间的距离有几米，而载波波长仅有几到几十厘米。读写器和电子标签之间的能量传递方式为反向散射调制。反向散射调制技术是指无源电子标签将数据

发送回读写器所采用的通信方式。电子标签返回数据的方式是控制天线的阻抗。控制电子标签天线阻抗的方法有许多种,都是基于一种称为"阻抗开关"的方法。实际采用的几种阻抗开关有变容二极管、逻辑门、高速开关等。其原理如图 2-15 所示。

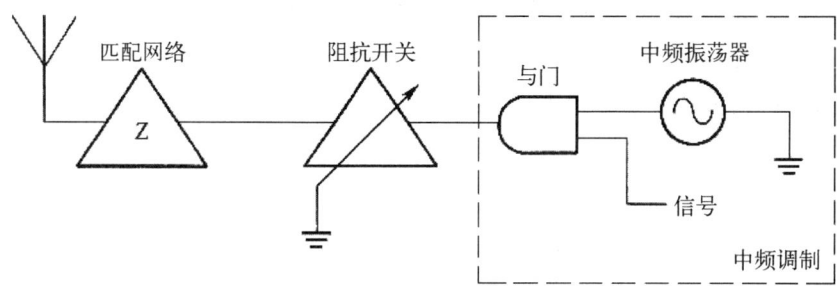

图 2-15　电子标签阻抗控制方式

要发送的数据信号是具有两种电平的信号,通过一个简单的混频器(逻辑门)与中频信号完成调制,调制结果连接到一个"阻抗开关",由阻抗开关改变天线的反射系数,从而对载波信号完成调制。这种数据调制方式和普通的数据通信方式有较大的区别,在整个数据通信链路中,仅存在一个发射机,却完成了双向的数据通信。电子标签根据要发送的数据通过控制天线开关,从而改变匹配程度。

二、处理层

交通信息的一个显著特征是它的空间性和随机性。因此,对它的研究和分析处理需要建立在广泛统计的基础上,应用各类信息处理技术和统计分析方法来探索它的规律性。目前,交通信息处理技术非常多,这里介绍几种主要的处理技术,包括数据预处理技术、数据压缩技术、数据融合处理技术和云计算技术[1][2]等。这些技术的综合利用在实际交通运输系统中起着重要的作用。

(一)数据预处理技术

数据预处理是从大量的数据属性中提取出对目标有重要影响的属性来降低

---

[1] 汪晓霞. 城市智能交通系统技术及案例[M]. 北京交通大学出版社, 2014.
[2] 黄卫, 陈里得. 智能运输系统(ITS)概论[M]. 人民交通出版社, 1999.

原始数据的维数，或是处理一些不好的数据，从而改善数据的质量和提高数据分析的速度。

实时交通数据往往来自分布在各线路上的各种交通参数检测器，各种检测器各有其优缺点，所能够检测到的交通参数种类和形式可能不相同，而且由于各种误差的存在，首先必须对各个数据源的数据进行检验，排除数据采集系统中的错误数据。此外，在实际的数据采集中，由于检测器故障、天气状况或通信系统故障等原因所造成的数据丢失，也应采用一定的技术方法对其进行修复或提供替代数据。以上两个步骤构成了交通数据处理的两个阶段：异常数据处理和缺失数据处理。

1. 异常交通数据预处理方法

异常交通数据（坏值）是指用测量的客观条件不能解释为合理的明显偏离测量总体的个别测量值。异常值是虚假的、偶然出现的、带有随机性，并会直接影响数据总体的正确性。在多传感器测量中，出现异常值的主要原因是传感器故障，以及出现概率极小但作用较强的偶发性干扰等。剔除异常数据有很多种方法，下面介绍常用的几种：

（1）阈值法

有些交通参数的合理值只能在一个特定的范围内。例如，某一车道的占有率最大为100%，最小为0，如果检测器输出的结果不在这个范围内，则肯定是异常值。阈值算法就是对检测器所采集的某种单一信息（如流量和占有率等）按照统计规律确定其上下阈值，如果检测值不在上下阈值限所规定的区间内，则认为是错误数据，例如，流量有一最大限值，最小则为0。此外，对速度、行程时间等参数也都可以确定一个合理的阈值界限。

阈值法计算简单，适合在线计算，但它只是一个初步的筛选，错误数据的剔除率比较低，也就是说，落在阈值规定区域内的数据并不一定是正确数据。但是，阈值法可以把明显不正确的数据剔除掉，这样对后续的剔除处理比较有利，可以减少计算量，加快处理速度。因此，为了更可靠地剔除不良数据，应该把阈值法和其他方法结合起来，在经过阈值筛选后，再进行更严格筛选。因此，阈值法一般联合其他算法共同完成剔除异常数据的功能。

（2）交通流机理法

基于交通流机理的算法是通过交通流参数之间的关系对两个甚至多个参数

的一致性进行同时考察,根据交通流参数之间的相关关系来进行异常值剔除。由交通流机理确定几个规则后,如果检测数据满足这些规则中的一个或几个,这些数据就是错误的。比如规则可以是:平均占有率为0,而流量不为0;流量为0,而平均占有率不为0,符合这两个规则的任何一个的数据显然是错误的。但这只是最基本的规则,根据交通流理论可以建立某两个参数之间的关系模型,如流量和占有率、流量和速度、行程时间和拥挤长度等。若采用平均车长判断法,根据交通机理公式由流量、速度、占有率等得出的平均车长为5～12米,则计算结果超出此范围的数据为错误。

交通流机理算法适用于检测器能够同时检测到各种有相关关系的交通参数的情况。规则条件是根据历史数据得到的,因此在进行条件设定时需要做大量的事前工作,并且这种条件还会随着交通状况的变化而定期进行修订。因此,这种方法比较适合于交通状况变化不大,并且检测器能检测到流量、速度、密度等参数值的情况。

2. 缺失交通数据预处理方法

由于检测器故障或其他原因造成数据缺失时有发生,对丢失数据进行补充是交通信息预处理不可缺少的一部分。对于缺失的数据,由于需要实时补充,所以一些简单常用的方法是比较可行的。

(1) 历史均值法

历史均值法直接采用或者按比例采用历史上相应时刻的数据值代替丢失的数据。这种方法简单、易实现,但是如果交通状况发生了变化,将大大降低其估计精度,因此这种方法比较适合于交通状况变化不大的情况。

(2) 车道比值法

车道比值法根据历史统计的车道之间的流量比值,对丢失的车道数据进行估计。这种方法结合历史统计规律和当前流量数据精度比较高,适合于流量比较大、交通状况比较稳定的情况。

(3) 时间序列法

时间序列法把采集到的交通变量看作时间序列,运用各种时间序列预测方法,比如简单平均、加权平均、指数平滑等方法,根据历史数据对丢失的数据进行预测估计。这种方法简单易行,适应性较强,是一种常用的缺失数据补充算法。

(4) 基于遗传算法的组合模型

前面几种方法都是利用一种算法进行数据补充,而基于遗传算法的组合模型的思想是:对于同一组数据进行预处理,可以用多种方法,每种方法都有各自的优点和缺点,为了有效地利用各种模型的优点而回避缺点,将不同的方法进行组合,只要选好权重便可得到较好的处理结果。实践证明,任何一种独立模型,哪怕是效果不佳的模型,只要它含有独立的系统信息,当与一个较好的方法进行组合后同样可以改善结果精度,增强模型的可靠性。这种组合模型的关键是怎样把各种单一算法的结果进行综合处理。一种比较可行的办法是,综合利用各种单一算法的估计结果,然后加权平均,其中最优权的确定利用遗传算法。实验表明,组合方法在大多数情况下比使用单一算法要更精确。由于这种组合算法需要利用各种单一算法的估计结果,计算复杂而且麻烦,所以精度要求不很高的情况下一般不采用该方法。

在对以上几种补充数据的方法进行研究的基础上,时间序列预测方法作为基础交通信息的缺失数据在线补充算法比较合适。这种算法只需要一定数量的历史数据,即可外推缺失数据的值,算法简单、可靠,运行速度快,符合交通信息采集与处理的实时性要求。

3. 数据预处理的基本步骤

通常数据预处理包含四个部分:数据清理、集成和变换、规约以及概念分层。

(1) 数据清理:又包含遗漏值处理、噪声数据处理以及不一致数据处理三类。编码或把资料录入时的错误,会威胁到测量的效度。数据清理主要解决数据文件建立中的人为误差,以及数据文件中一些对统计分析结果影响较大的特殊数值。常用的数据清理方法包括可编码式清理和联列式清理。数据清理例程通过填写缺失的值、光滑噪声数据、识别或删除离群点并解决不一致性来"清理"数据。主要是达到如下目标:格式标准化,异常数据清除,错误纠正,重复数据的清除。

① 遗漏值处理:对于大型数据库而言,要分析的某一维的某个属性中数据有遗漏的处理办法;忽略该元组、人工填写、使用一个全局常量填充遗漏值、使用属性的平均值填充遗漏值、使用与给定元组属同一类的所有样本的平均值、使用最可能的值填充遗漏值。在此最常用的也是最合理的是最后一种方法,可能值

可以通过回归分析、贝叶斯形式方法或判定树等得出。

② 噪声数据处理：正如自然界有很多噪声一样，数据也会掺杂很多杂质，除噪声的技术有分箱、聚类、计算机人工检查和回归。分箱技术只要是把数据分类然后用合理的数值替换原先数据，致使去除原数据中的噪声；聚类技术是通过"距离"等判别把数据进行概念分层，过渡到更高一级的层次；回归技术则是利用回归模型，用模型预测值代替原有数据。

③ 不一致数据处理：可以查资料进行手动更正。

（2）数据集成：是把不同来源、格式、特点性质的数据在逻辑上或物理上有机地集中，从而为企业提供全面的数据共享。在企业数据集成领域，已经有了很多成熟的框架可以利用。目前通常采用联邦式、基于中间件模型和数据仓库等方法来构造集成的系统，这些技术在不同的着重点和应用上解决数据共享和为企业提供决策支持。数据集成例程将多个数据源中的数据结合起来并统一存储，建立数据仓库的过程实际上就是数据集成。

（3）数据变换：是通过平滑聚集、数据概化、规范化等方式将数据转换成适用于数据挖掘的形式。数据概化是一个将任务相关的大数据集从较低的概念层抽象到较高概念层的过程。

（4）数据规约：数据挖掘时往往数据量非常大，在少量数据上进行挖掘分析需要很长的时间，数据规约技术可以用来得到数据集的规约表示，它小得多，但仍然接近于保持原数据的完整性，并且结果与规约前结果相同或几乎相同。此类技术主要有如下几类：数据方聚集、维规约（检测并删除不相关、弱相关或冗余的属性或维）、数据压缩（小波或傅里叶变换以及主成分分析）、数值规约（用替代的、较小的数据表示替换或估计数据），主要有回归、直方图、聚类、选样等操作，还有概念分层。

（二）数据压缩技术

数据压缩就是用最少的数码表示信号，其作用是能较快地传输各种信号，如传真、图像等，用现有的通信干线并行开通更多的多媒体业务，如各种增值业务、压缩数据的存储容量、降低发信机功率等。由此看来，通信时间、传输带宽、存储空间，甚至发射能量都可能与数据压缩的效果直接相关。

1. 数据压缩技术原理

数据压缩技术最基本的要求是要尽量降低数字化的误码率，同时仍然保持一定的信号质量。

首先,数据中间常存在一些多余成分即冗余。如在一份计算机文件中,某些符号要比其他符号频率高得多地重复出现,这些冗余部分便可在数据编码中除去或者减少,冗余度压缩是一个可逆过程,因此叫做无失真压缩或称保持型编码。冗余度压缩常用于磁盘文件、数据通信和气象卫星云图等不允许在压缩过程中有丝毫损失的场合中,但是它的压缩比通常比较低。

其次,数据中间尤其是相邻的数据之间常存在着相关性,如图片中常常有色彩均匀的背影;电视信号的相邻两帧之间可能只有少量的变化影物是不同的;声音信号有时具有一定的规律性和周期性等。因此,有可能利用某些变换来尽可能地去掉这些相关性。只要作为最终用户的人觉察不出或能够容忍这些失真,就允许对数字音像信号进一步压缩以换取更高的编码效率。但这种变换有时会带来不可恢复的损失和误差,因此叫做不可逆压缩或称有失真编码、熵压缩。熵压缩主要有特征抽取(如指纹的模式识别)和量化两种方法,后种方法则是一种更通用的熵压缩技术。

2. 数据压缩技术的分类

按照编码失真程度或者说按压缩过程的可逆性,将数据压缩分为无失真压缩与有失真压缩;按编码基建模的不同将数据压缩分成模型基编码和波形基编码;按压缩技术所使用的方法进行分类,可分为可预测编码、变换编码和统计编码。

3. 数据压缩技术常用算法

(1) 基于字典编码技术的 LZW 算法

这种压缩算法最早是由 Lempel 和 Ziv 两位专家提出的,后来经过贝尔实验室的改进,特别是 Welch 在 1984 年的改进之后,成为现在的 LZW 算法。把多次出现的子串称为高频子串,并且将这类子串编成一张表,称为高频字典。每个子串都有唯一的序号与之对应,并将高频子串,用其序号代替。字典可以是静态的,把原始数据扫描遍就能得到;也可以是动态的,通过边扫描边加进新的高频子串来得到字典。当字典容量不足时,就会删除一部分"老"子串,这样压缩率稍有下降,但能节约一次扫描的时间,从而提高处理速度。

(2) 静态图片有损压缩算法 JPEG/M-JPEG

JPEG(Joint Photographic Experts Group)压缩算法的基本原理是把图片分

为许多单元,每个单元都是一个正方形的区域,然后进行离散余弦变换,得到图形信号。因为人眼对图形信号的高频端不太敏感,所以去掉图形信号中的一些高频分量不会造成图片观察质量的明显下降。这里的高频分量不是指彩色光谱中的蓝紫色光,而是指图形信号中表示图像边缘细节的部分。为了保证压缩质量,通常采用的压缩比为 24∶1。

JPEG 算法主要针对静态图片,但人们利用压缩原理,把一系列静态图片压缩存放起来,然后连续地解压重放得到了动态图像。这种压缩方法被称为 M-JPEG,即"活动的静态图像压缩"。其本质仍然是 JPEG。现在,M-JPEG 基本上已被 MPEG 淘汰。

(3) 动态图像有损压缩算法 MPEG

MPEG(Moving Pictures Experts Group)设计目标是在微机上得到相当于 VHS(Video Home System,家用录像系统)质量的音频视频效果。该算法包含动态图像压缩技术、声音压缩技术和图像声音同步技术,其中动态图像压缩是其关键内容。

和电影一样,多媒体电影也是以"帧"为单位组织的连续图像和声音信号。MPEG 按照如下三种情况分别处理。

① 当前帧:用来作为其他帧参考用的关键领域,一般使用 12∶1 的高质量压缩,每秒钟只有两个当前帧。

② 预测帧:是使用当前帧的信息,根据其中实体的运动趋势向前预测的帧。

③ 双向帧:为了得到满意的图像效果,仅有当前帧和预测帧是不够的,还需要在它们中间插入双向帧以使效果更加平滑,双向帧是利用前两者的信息,进行向前和向后两个方向的预测得到的。

MPEG 算法的整体压缩比可以达到 100∶1 的水平。

(三) 数据融合处理技术

交通信息融合技术是指通过一定的算法,对各种交通数据进行综合处理,得到比任何单个数据源更全面、更准确的交通流状况信息。

信息融合可以:① 提高系统的可信度;② 使数据采集更客观;③ 提高检测效果;④ 扩大时间和空间覆盖能力;⑤ 提高系统的性价比。

1. 信息融合的模式

(1) 第一级

第一级又称像素级、检测级,是指直接在采集到的原始数据层上进行融合,在各种传感器的原始测报未经处理之前就进行数据的综合和分析。像素级融合直接对源信息进行处理,包括检测、部分目标识别、相关、量测融合等,并判别若干量测是否属于同一目标。

像素级融合信息多、处理量大,是最低层次的融合,得到的结果很准确,但对系统通信带宽的要求很高。

(2) 第二级

第二级又称特征级,是指先对来自传感器的原始信息进行特征提取(如目标轮廓、形状、边沿、位置、速度参数、航迹),再按特征进行分类、聚集和综合,如方位序列、点迹序列、目标航迹的融合。

特征级融合实现了信息压缩,有利于实时处理,属于中间层级的融合,由于数据丢失,准确性有所下降,对通信带宽要求较低。

像素级和特征级融合处理的是地面交通信息和部分空间信息(如 GPS),输出是对城市交通状态的部分描述,如状态向量、特征和属性等。

(3) 第三级

第三级又称决策级,是直接针对具体决策目标的最终结果,直接影响决策水平。

决策级融合对各传感器、各信道独立融合及特征融合的结果进行决策(态势评定与威胁评估)融合,属于高层次融合,由于对传感器数据进行了浓缩,产生的结果最不准确,但对带宽的要求最低。

决策级融合处理的数据包括地面交通信息、全部的空间信息、气象信息等其他交通相关信息,以及交通领域专家的知识等,输出的是抽象结果,如对交通系统的状态整体性能的评价及对系统运行的预测等。

2. 数据融合技术的算法

(1) 估计方法

估计方法包括加权最小二乘法、最大似然估计法、卡尔曼滤波、贝叶斯估计法等。

加权最小二乘法是最简单、最直观融合多传感器低层数据的方法。该方法对一组传感器提供的冗余信息进行加权平均,并将加权平均值作为信息融合值;利用最小二乘法原理可导出的数据平滑程序在许多情况下能够去除或减少测量过程中由于偶然因素带来的误差,平滑后的数据一般会比原数据更有规律性。最小二乘法旨在得到使得模型能最好地拟合样本数据的参数估计量。

最大似然估计法是一种具有理论性的点估计法,此方法的基本思想是:当从模型总体随机抽取 n 组样本观测值后,最合理的参数估计量应该使得从模型中抽取该 n 组样本观测值的概率最大。

卡尔曼滤波用于实时融合动态的低层次冗余多传感器数据,该方法用测量模型的统计特性递推决定在统计意义下是最优的融合数据估计。

贝叶斯估计法是融合静态环境中多传感器低层数据的一种常用方法,其信息描述为概率分布,适用于具有可加高斯噪声的不确定性信息。

(2) 分类方法

分类方法主要有参数模板法和聚类分析法。

参数模板法采用一般的数据记录完成复杂关联所需的模式识别,如事件检测和重要目标识别。通过观察数据与先验模板匹配处理,来确定观测数据是否支持由模板所表征的假设。一个模板可包含参数表、布尔条件、权系数、门限,以及用于描述一个事件、活动或假设条件的其他要素。模板是知识库的框架概念的初期实现。

聚类分析采用若干方法,根据预先指定的相似标准,把观测分为一些自然组。这些技术对指纹照片识别很有用。聚类方法基本上不使用统计理论。当找不到对观测进行属性指派或分类处理的理论方法时,可采用聚类分析的方法。

无监督或自组织学习算法,诸如学习向量量化法、K-均值聚类、Kohonen 特性图也常用作多传感器数据的分类。K-均值聚类算法是最常用的无监督学习算法之一,而自适应 K-均值方法的更新规则成了 Kohonen 特性图的基础。此外自适应共振理论和模糊自适应共振理论网络以自适应的方法进行传感器融合。它们能够自动调整权值,并且能在环境变化和输入漂移的情况下保持稳定。

(3) 推理方法

推理方法,如 Dempster-Shater 是基于证据理论的一种推理算法,是贝叶斯方法的扩展。该算法解决了概率中的两个难题:① 能够"未知"给出显式表示;

② 当证据对一个假设部分支持时,该证据对假设否定的支持也能用明确的值表示出来。

(四) 云计算及其在交通中的应用

如何对海量的交通信息进行处理、分析、挖掘和利用,将是未来交通信息服务的关键问题,而云计算技术以其自动化 IT 资源调度和快速部署以及优异的扩展性等优势,将成为解决这问题的重要技术手段。

1. 云计算简介

云计算概念的直接起源是 Amazon EC2 产品和 Google 一分布式计算项目,云计算是分布式处理、并行处理和网格计算的发展,云计算是通过网络将庞大的计算处理程序自动分拆成无数个较小的子程序,再交由多台服务器所组成的庞大系统,经计算分析之后将处理结果回传给用户。通过云计算技术,网络服务提供者可以在数秒之内,处理数以千万计甚至亿计的信息,达到和"超级计算机"同样强大的网络服务。

在典型的云计算模式中,用户通过终端接入网络,向"云"提出需求;"云"接受请求后组织资源,通过网络为"端"提供服务。用户终端的功能可以大大简化,诸多复杂的计算与处理过程都将转移到终端背后的"云"上去完成。用户所需的应用程序并不需要运行在用户的个人电脑、手机等终端设备上,而是运行在互联网的大规模服务器集群中;用户所处理的数据也无须存储在本地,而是保存在互联网上的数据中心里。提供云计算服务的企业负责这些数据中心和服务器正常运转的管理和维护,并保证为用户提供足够强的计算能力和足够大的存储空间。在任何时间和任何地点,用户只要能够连接至互联网,就可以访问云,实现随需随用。

云服务按照服务的类别可以分为三种:公共云、私有云和混合云。公共云是由第三方供应商提供的云服务。它们在公司防火墙之外,由云提供商完全承载和管理。私有云是在企业内提供的云服务。这些云在公司防火墙之内,由企业管理。混合云,顾名思义,就是公共云和私有云的混合。

2. 交通云架构

(1) 交通数据的特点

① 数据量大:交通服务要提供全面的路况,需组成多维、立体的交通综合监测网络,实现对城市道路交通状况、交通流信息、交通违法行为等的全面监测,特

别是在交通高峰期需要采集、处理及分析大量的实时监测的数据。

② 应用负载波动大：随着城市机动车水平不断提高，城市道路交通状况日趋复杂化，交通流特性呈现随时间变化大、区域关联性强的特点，需要根据实时的交通流数据及时全面地采集、处理、分析等。

③ 信息实时处理要求性高：市民对公众出行服务的主要需求之一就是对交通信息发布的时效性要求高，需将准确的信息及时提供给不同需求的主体。

④ 数据共享需求：交通行业信息资源的全面整合与共享，是智能交通系统高效运行的基本前提，智能交通相关子系统的信息处理、决策分析和信息服务是建立在全面、准确、及时的信息资源基础之上。

⑤ 高可用性、高稳定性要求：需面向政府、社会和公众提供交通服务，为出行者提供安全、畅通、高品质的行程服务，对智能交通手段的充分利用，以保障交通运输的高安全、高时效和高准确性，势必要求智能交通系统应用系统需具有高可用性和高稳定性。

如果交通数据系统采用烟筒式系统建设方式，将产生建设成本较高、建设周期比较长、管理效率较低、管理员工作量繁重等问题。随着智能交通系统应用的发展，服务器规模日益庞大，将带来高能耗、数据中心空间紧张；服务器利用率低或者利用率不均衡，造成资源浪费等问题。

云计算通过虚拟化等技术，整合服务器、存储、网络等硬件资源，优化系统资源配置比例，实现应用的灵活性，同时提升资源利用率，降低总能耗，降低运维成本。因此，在智能交通系统中引入云计算有助于系统的实施。

(2) 交通云规划

① 交通云应该是一个整合的、先进的、安全的、自动化的、易扩展的服务于交通行业的开放性平台。具体体现在：

第一，整合现有资源，并能够针对未来的交通行业发展扩展整合将来所需的各种硬件、软件数据；

第二，动态满足智能交通系统中各应用系统，针对交通行业的需求基础设施建设、交通信息发布、交通企业增值服务、交通指挥提供决策支持及交通仿真模拟等，交通云要能够全面提供开发系统资源平台需求，能够快速满足突发系统需求；

第三，提供极具弹性的扩展能力需求，以满足将来不断增大的交通应用需求。

②交通云作为行业云,它的发展轨迹应是在技术上从易到难、业务上从边缘逐渐到核心的一个发展过程。针对智能交通的目前发展状况及云计算平台的成熟应用程度,还是以数据中心的云存储化开始,逐渐向外扩展应用服务。交通云应该是对交通管理单位、交通运营企业和广大的市民服务的,所以未来的交通云应该具有混合云的特点。对保密性安全要求高、处理速度快、弹性发展力度强的对内应用(交通管理单位),可以用私有云的模式实现。而对外的信息发布(大众出行、物流企业、交通信息服务企业等)、出行指导等对外应用可以用公共云的模式实现。

交通私有云和公共云具备以下特点:

第一,智能交通的数据中心云计算化(私有云)。交通云专网中的智能交通数据中心,主要是为智能交通各个业务系统提供数据接收、存储、处理、交换、分析等服务,不同的业务系统随着交通数据流的压力而应用负载波动大,智能交通数据交换平台中的各子系统也会有相应的波动,为了提高智能交通数据中心的硬件资源利用率,并且保障系统的高可用性及稳定性,在智能交通数据中心采用私有基础设施云平台。

交通私有云平台主要提供以下功能:一是基础架构虚拟化提供服务器存储设备虚拟化服务;二是虚拟架构查看及监控,查看虚拟资源使用状况及远程控制(远程启动、远程关闭等);三是统计和计量;四是服务品质协议(Service Lane Agreement,SLA)服务,如可靠性、负载均衡、弹性扩容、数据备份等。

第二,智能交通的公共信息服务平台、地理信息系统云计算化(公共云)。智能交通业务系统中,有一部分互动信息系统、公众发布系统及交通地理信息系统(GIS-T)运行在 Internet 上,是以公众出行信息需求为中心,整合各类位置及交通信息资源和服务,形成统一的交通信息来源,为公众提供多种形式的、便捷的、实时的出行信息服务。该系统还为企业提供相关服务接口,补充公众互相以及与企业、交通相关部门、政府的互动方式,以更好地服务于大众用户。

公众出行信息系统主要是提供常规信息、基础信息、出行信息等的动态查询服务以及智能出行分析服务。该服务不但要直接为大众用户所使用,也为运营企业提供服务。

基于交通的地理信息系统也可以作为主要服务通过公共云平台,向广大的市民提供交通常用信息、地理基础信息、出行地理信息导航等的智能导航服务。该服务直接为大众市民所用，也同时为交通运营企业对针对GIS-T的二次开发提供丰富的接口调用服务。

所有在Internet上的应用都属于公共云计算平台，智能交通把信息查询服务以及智能分析服务作为一个平台服务提供给其他用户使用，不但可以标准化服务访问接口，也可以随负载压力动态调整IT资源，提高资源利用率以及保障系统高可用性及稳定性。

交通公共云平台主要提供以下功能：一是提供基于平台的(PaaS)服务；二是资源服务部署，申请、分配、动态调整、释放资源；三是SLA服务，如可靠性、负载均衡、弹性扩容、数据备份等；四是其他软件应用服务(SaaS)，如地理信息服务、信息发布服务、互动信息服务、出行诱导服务等。

③ 结合公共云与私有云的特点应用，建议交通云分四步实施：

第一步，初期。可以考虑数据中心基础架构实现云计算化，同时梳理业务系统中等级低、边缘化的应用向基础设施迁移。

第二步，发展期。稳步扩展，建设公共信息服务平台向交通云上迁移，通过标准接口对外提供基础交通数据，同时，提供GIS-T(基于交通的地理信息系统)的服务，运营商和增值服务开发商可以通过GIS-T和公共信息服务平台提供的开放接口进行二次开发，向公众提供丰富的交通出行服务和诱导服务。

第三步，成熟期。以优化提升为主，可以建立常用交通应用系统向交通云迁移，持续梳理及扩展交通云基础设施的规模，提供丰富的接口服务。使得交通云平台进入提供常用服务期。并针对整个交通云平台的全面应用继续深化业务层面的实践。

第四步，全面应用期。针对交通服务(边缘服务、常用服务、核心服务等)都全面向交通云迁移，并通过前三个阶段的分步实施和实践，积累足够的经验，为交通云提供全面服务打下了坚实的基础。本阶段就是将交通业务和云计算全面合二为一，完成大交通在交通云上运营的构想。

三、应用层

智能交通应用层是基于城市交通管理应用进行开展的，通过将采集并经过处理的交通信息以多样的方式应用于实际的交通环境中，建立起实时、准确、高效的交通运输控制和管理系统,最终为交通的参与者提供多样性的服务。以下将对智能交通系统应用层的基本构成进行详细描述,依次对先进的交通信息系统、先进的交通管理系统、先进的车辆控制系统、先进的公共交通系统、电子收费系统和紧急救援系统进行介绍。

(一)交通信息系统

1. 交通信息系统的基本概念

20世纪80年代以来,在欧、美、日等发达国家为寻求缓解公路交通拥塞良策的研究中,出现了以个体出行者为服务对象的综合交通信息系统,出行者可以通过其便携式信息系统在与交通信息中心的双向信息传递中使自己始终行驶在最短路径上(距离或时间),避开阻塞路段、事故发生路段或环境不良地段,从而减少延误,使交通拥挤状况得到缓解,这种系统通常称为先进的出行者信息系统(Advanced Traveler Information System,ATIS)。

ATIS是利用传感器技术、计算机技术、通信技术和控制技术等,为消费者提供道路信息、公交信息和其他与出行有关的重要信息,以帮助出行者选择出行方式出行路线和出发时间,同时能够诱导和控制车辆的运行,有效地解决交通的诸多问题。ATIS被认为是智能运输系统的核心部分之一,是智能运输系统的基础。AITS在英国、德国、法国、日本和美国已经得到大量的研究,它以减轻交通拥挤、减少燃油消耗和空气污染、改善驾驶效率提高交通安全性为目标。

ATIS需要对大量的数据进行处理、分析和存储,并将之有效地传达给出行者。该系统能够以语音、图形、文字等的形式向出行者提供相关的出行信息,使出行者从出发前、出行过程中直至到达目的地的整个过程中,随时能够获得有关的道路交通状况、行程时间、最佳换乘方式、所需费用以及目的地的各种相关信息等,从而指导出行者选择合适的交通方式和路径,以最高的效率和最佳方式完成出行过程。

按照向出行者提供信息服务的时机进行分类,交通信息系统可以分为:出行前信息系统、在途驾驶员信息系统、在途出行者换乘信息系统。

按照信息系统所提供信息内容的不同,交通信息系统可以分为:路径诱导系统、交通流诱导系统、停车场信息诱导系统、个性化信息服务系统等。

2. 交通信息系统的构成

先进的交通信息系统由交通信息中心、通信系统和车载设备组成。

(1) 交通信息中心(TIC)

交通信息中心是 ATIS 的主控中心,它集交通信息采集、处理和发送于一体,其主要功能有:数据库的建立和更新、与其他信息源的通信、与车载设备的通信、交通信息的数据分析和处理等。它的硬件系统由计算机和各种通信设备组成。

建立 TIC 一个重要的要求是建立一个开放系统,将它设计成在分布式客户/服务器计算环境中的服务器。在交通信息中心要具有对相关交通运输数据分析处理的功能,这样才能生成整个地区范围内的实时交通运输信息数据库,以及完成最优路线搜索等工作。交通信息中心基本数据处理功能包括:

① 根据实时道路交通状况,更新交通运输信息数据库。

② 生成并定期更新预估的历史路段通行时间数据库,如在一天中的各个时间段,一个星期中的各天和一年中的各个季节。对驾驶员来说,在缺少当前交通报告情况下,这是对路段通行时间做出的最好估计。

③ 进行连续的数据重组工作,该工作比较并组合当前的道路交通信息和历史的路段通行时间数据,给车辆提供最佳的路段通行时间估计。当前道路交通信息包括车辆报告的实际路段通行时间、来自交通信号系统的数据以及其他动态信息,如路政巡逻车、车辆检测器等采集的数据。因此,数据重组过程是综合各方面信息以建立最佳的交通状况预测模型。

④ 利用实时交通模型,TIC 根据当前交通状况计算出预估的通行时间和一条从出发点到达目的地的最优路线,估计结果通过通信网络发送给路网中的车辆,驾驶员利用这些信息选择通往目的地的最优路线。

国内外已研究了多种最优路线搜索算法,比较典型的有 Dijkstra 算法、启发式搜索算法等。在车辆行驶过程中,路线搜索算法应能在较短的、可接受的时间内,根据当前的道路交通状况,不断对已选择的最优路线及路段通行时间估计进行修正。

⑤ 进行事故调查工作,以确定不正常的路段通行时间的起因,不正常即指某天某时某路段上的通行时间均超过了历史通行时间,事故调查过程是用来查明路段通行时间突然增加的缘由,并利用这些信息通知出行者可能发生了事故。

(2) 通信网络

通信系统辅助完成道路交通信息的数据传输以及车辆和信息控制中心的数

据交换。道路交通信息、社会服务公共信息通过光纤网络传送到信息中心作进一步处理。双向动态无线数据传输系统负责完成信息中心与车辆之间的数据交换。一方面,车辆利用接收器可以获得从交通信息控制中心发射来的实时交通信息,如当前路段通行时间估计、堵塞或事故发生地点等;另一方面,车辆又是流动的交通信息探测器,通过车载发射装置把当前的交通信息实际路段通行时间反馈给信息中心。常用的无线通信方式有:集群通信、蜂窝移动通信、无线数据广播等。

(3) 车载设备系统

车载设备系统主要由车载导航计算机、车辆通信设备、定位系统设备和显示装置构成。车载计算机的功能是储存和处理交通信息,为驾驶员提供良好的人机界面,方便驾驶员输入信息和获得信息。

ATIS能够向驾驶员实时地提供准确的各种车辆和道路信息,车辆导航定位模块包括车轮速度和方向传感器,以及全球定位系统(Global Positioning Systems,GPS)接收器,这些均用来为导航提供精确的地理位置和时间数据,以跟踪车辆在道路网络中的位置,它所使用的数据源有传感器数器、数字地图数据库和GPS信号。

在车载设备系统中,能够快速清晰显示交通信息的显示装置越来越受到重视。应用于交通信息系统的车载显示装置有真空荧光管显示、显像管显示、液晶显示和HUD显示(Head-Up Displays)。车载显示装置包括驾驶员界面和乘客显示屏,主要用于向乘客提供各种换乘和服务信息,驾驶员界面用于为驾驶员提供行驶最短路径、路段拥堵情况以及一些道路公共设施等信息。

3. 交通信息系统的服务功能

先进的信息系统为出行者提供全方位的信息服务,通过给出行者提供实时交通道路公交、气象等信息,使出行者从出发前就开始计划个人的出行。先进的出行者信息系统具有四个方面的功能:提供出行前的交通信息服务,提供行驶中的驾驶员信息服务,提供在途的公共交通信息服务,提供路线诱导及导航信息服务。

(1) 出行前交通信息服务

通过该子系统,可以向出行者提供现状的公交信息、道路施工与交通事故信息等,让出行者在家里、单位、汽车里或其他作为旅行出发地的公共场所就可以获取和出行相关的多种信息。该服务使出行者在出行前选择目的地和路线。选择内容包括输入或选择目的地、出行时间、出行的路径。系统可提供实时或历史的拥挤情况、预测的行程时间和优化的出行路径。

该服务可提供包括交通事故、道路施工绕行路线某一路段上的车速情况、通告时间、重要活动安排及气候条件等实时信息。出行者可根据这些信息选择最佳的出行路线、出行方式及出发时间,或者取消出行计划并向信息中心反馈。

(2) 行驶中驾驶员信息服务

该子系统通过无线通信或路边的广播信息,实时地向出行途中的出行者提供行驶环境信息,如道路、交通和气象信息等。

① 道路几何构造信息:预先向驾驶员提供如道路线形、收费站、交叉口、隧道、纵坡、路宽等前方道路几何构造情报。提供的方式可以是视觉(如车载液晶显示屏)的,也可以是听觉(如路侧广播系统)的,对危险路段,听觉提供方式更为有效。使用了这种信息可以较大地提高行车安全性。

② 路面状况信息:交通管理人员可以通过道路沿线设置的路面冻结检测器等各种气象传感器以及电视摄像系统,检测并采集路面破损(包括功能性破坏或结构性破坏)潮湿、积雪、冻结等路面状况信息,再通过路侧信息发布设备,向驾驶员提供上述实时信息。该信息的使用,可以减少交通事故的发生。

③ 道路灾害信息:信息中心收集作用区域内以及作用区域外其他信息控制中心传送来的自然条件状况,迅速向驾驶员提供有关风、雾、雨雪或突发洪水淹没冲毁道路的信息。信息中心根据灾害状况选择相应的控制方案,通过车载装置和可变情报板提供交通管理控制信息。

④ 路网条件信息:可提供如路网内某路段发生交通事故、道路施工养护、交通中断、交通阻塞等实时信息,以及针对某路段的交通管制情报,出行者可据此选择最佳出行路线,或中途改用其他交通出行方式。

旅行途中最关键的需求是在旅客身处窘境时,比如处在天气恶劣、严重交通阻塞等情况下,出行者能及时而准确地得到如安全行驶速度、交通危险地区、天气情况、行车线路改变的建议以及有可能提供的及时救助等信息。

(3) 途中公共交通信息服务

通过提供实时途中公共交通信息、换乘信息,鼓励人们用公共交通或合乘等出行方式代替独自驱车出行。提供公共交通信息是为了帮助利用公共交通的出行者进行出行路线、换乘路线和出行时间的选择,以提高出行者出行的便利性和高效性。通过车载装置、置于用户家中或办公室内的便携装置以及位于路边和车站等处的个人终端,提供实时的公共交通运输的行车时刻和运行路线换乘站点、票价、公交拥挤状况、停车泊位及搭载合乘等信息,以利于出行者选择并反馈。

(4) 路线诱导及导航服务

通过不断提供最新的路况信息和交通事件信息,在车载电子地图上显示车辆运行的轨迹,同时能够以语音、文字、简单图形给出诱导信息,用于满足路上行驶车辆的路径选择和修正驾驶路线。该子系统还负责提示驾驶员是否行驶在计划的路线上,若处在错误的地点,它能够为驾驶员提供新的最优路径。

路线导航将根据运输系统的实时信息直接为驾驶员指示抵达目的地的行驶路线与方向。

(5) 与目的地相关的信息服务

此类信息包括沿途及目的地的天气状况以及加油站、汽车修理厂、停车场、宾馆、饭店、医院等服务机构的地理位置、电话等。

(二) 交通管理系统

1. 交通管理系统的基本概念

随着我国改革开放不断深入、城市化进程不断加快和交通事业的飞速发展,人们对交通需求越来越迫切。我国政府部门准备加大力量解决交通发展问题,科技部将智能交通系统作为"十五"期间科技发展战略目标;交通运输部、公安部等有关部门将智能交通系统作为发展交通运输,减少拥挤和事故,改革城市交通,建立安全体系,保证城市可持续发展的有力措施;2002年初,原建设部、公安部进一步提出了解决城市交通拥堵和改善交通秩序的"畅通工程",这些给先进的交通管理系统在我国的发展提供了良好的支持和保障。

先进的交通管理系统(Advanced Traffic Management System,ATMS)正是适应这种要求应运而生的。先进的交通管理系统是智能交通系统的重要组成部分,它是依靠先进的交通监测技术、计算机信息处理技术和通信技术,对城市道路和市际高速公路综合网络的交通营运和设施进行一体化的控制和管理,通过监视车辆运行来控制交通流量,快速准确地处理辖区内发生的各种事件,以便使得客货运输达到最佳状态。

先进的交通管理系统的目标是为大中城市提供交通管理解决方案,在现有交通设施的基础上,改善现有路网运行状况,提高道路的有效利用率和交通流量,缓解车辆增加造成的交通需求压力;同时,改善交通秩序,减少事故,提高行车安全,减少道路的拥挤程度和交通事故的发生率,减少因交通拥挤、事故等造成的出行时间延长等现象。ATMS不仅为交通管理者提供了一种先进的管理及控制方法,提高了管理效率,而且使交通参与者(包括驾驶员和行人)都能感觉到减少拥堵、提高通行效率所带来的便捷。

先进的交通管理系统最主要的特征就是系统的高度集成化。它利用先进的通信、计算机、自动控制、视频监控技术,按照系统工程的原理进行系统集成,使得交通工程规划、交通信号控制、交通检测交通电视监控、交通事故的救援及信息系统有机地结合起来,通过计算机网络系统,实现对交通的实时控制和指挥管理。先进的交通管理系统的另一特征是信息高速集中与快速信息处理,先进的交通管理系统由于运用了先进的网络技术,获取信息快速、实时、准确,提高了控制的实时性。城市先进的交通管理系统的应用使交通管理系统中交通参与者与道路以及车辆之间的关系变得更加和谐,缩短了旅行时间,使城市的交通变得更加有序。

先进的交通管理系统是ITS的重要组成部分,也是智能交通系统中最为基础的部分。正是先进的交通管理系统实现了交通信息的采集、传输、存储、分析、处理及应用,实现了交通管理从简单静态管理到智能动态管理的转变,使交通静态及动态信息在最大范围内、最大限度地被出行者、驾驶员、系统管理者、交通研究人员及政府机构所共享和利用,从而实现了大交通系统的动态优化运行,有效地满足了公众不断扩大的交通需求。

2. 交通管理系统的组成

先进的交通管理系统是由一系列的公路状况监视、交通管理与出行建议系统所组成。如果把整个先进的交通管理系统按信息和流程划分,则可简化为如图2-16所示的四大部分。

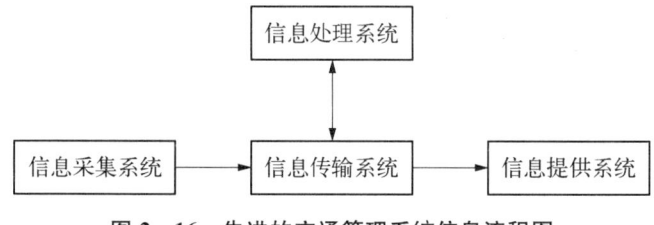

图2-16 先进的交通管理系统信息流程图

(1) 信息采集系统

信息采集系统主要应用各种传感器获得并综合各种交通信息、道路信息、气象信息,为交通控制及管理提供基础数据,是先进的交通管理系统的信息输入部分,可以根据不同的需求对这些数据进行进一步处理,从而得到符合不同需要的更有价值的信息。确保基础交通信息能够及时、准确地采集,这对于先进的交通管理系统实现系统功能是至关重要的。

(2) 通信系统

在控制中心与信息采集、提供系统终端之间,需要借助于信息传输系统进行联系。通信系统(信息传输系统)主要是通过光纤、电缆、微波等传输媒介,在终端与交通控制中心之间传输数据、语音和图像等信息。先进的交通管理系统的通信系统包括广域通信网、专用短程通信、车—车通信,其中前两者是先进的交通管理系统主要使用的通信方式。

(3) 信息处理系统

信息处理系统(交通控制中心,TCC)主要对数据、语音图像等信息进行处理和分析,生成并不断更新交通运输信息数据库,提出交通控制方案,并通过相应的设备对有关路段内的交通流做出相应的管理与调度。交通控制中心主要功能如下:

① 实时自适应信号控制。通过准确了解道路上的交通需求,优化交通信号配时,提高绿灯的使用效率,控制交通阻塞的进一步发展与道路交通分配中的不平衡。

② 能够提供丰富的信息。通过使用可变情报板、可变图形显示、路侧广播、车辆终端、个人计算机等多媒体介质,可获取来自 TCC 的交通信息,以满足出行者不同的需求。通过提供的信息,出行者可了解道路交通状况,适时地做出改变车速、绕道或停车等反应。

③ 提供各种交通管理。系统应具备各种管理功能,使交通管理者能确认道路交通状况并控制交通状况的不良发展。信息处理系统操作者能对交通事故、道路维修、特殊的社会政治事件、发生危险等情况做出迅速反应,通知相关部门迅速介入,并提醒道路上的出行者注意特殊的交通状况。

④ 构建交通信息数据库。通过收集处理来自各种交通检测器的数据,并将有关交通阻塞信息、出行时间以及控制效果等情况存储在交通信息数据库中。

这样交通操作者能及时调用历史数据以及方便与邻近地区进行交通信息交换。

⑤ 对于信息处理系统应有良好的用户接口界面,确保信息处理系统功能得到充分利用,使得交通工程师可以集中精力工作,而不必考虑系统各部分的操作性能。

(4) 信息提供系统

信息提供系统是交通控制方案得以实施的工具,主要通过可变情报板、交通广播等向出行者或管理人员提供有关交通运输情报,主动调节交通流。本系统主要是向出行人员或管理人员提供交通运输信息(如交通、气象、事故和道路情报),发布命令或建议(如限速、关闭匝道),向交通拥挤地段的驾驶员提供建议路径等,以促使出行人员选择合理的出行方式及路线,使道路交通流量分布均匀,以提高道路利用率等,达到交通控制与管理的目的。

早期的信息提供系统是静态的,根据道路的几何特征或交通管理经验来设置,如固定式交通标志牌、路面标线等,当然,它们在先进的交通管理系统中仍然是必需的。利用计算机控制的、可远距离操纵的各种动态信息提供系统可以实现动态管理控制交通流。

(三) 车辆控制系统

1. 车辆控制系统的基本概念

随着机动车数量的不断增加,道路供需矛盾日益严重,道路交通安全形势将会日趋恶化,交通事故尤其是恶性交通事故呈不断上升趋势,交通安全越来越受到广泛关注。车辆智能化技术的研究和开发,可以提高车辆的控制与驾驶水平,保障车辆行驶的安全畅通、高效。因此研究先进的车辆控制系统,由传感器来获取行驶环境信息并加以判断,必要时自动控制车辆行驶,以达到避免事故发生的效果显得很有必要。

先进的车辆控制系统(Advanced Vehicle Control Systems,AVCS)在美国定义为智能交通的一个子系统,能够为驾驶员提供安全警告,或者协助驾驶员控制其车辆,包括完全控制车辆的运动。该系统借助车载设备及路侧设备来检测周围行驶环境的变化情况,进行部分或完全的自动驾驶控制以达到行车安全和增加道路通行能力的目的。其本质就是在车辆—道路系统中将现代化的通信技术、控制技术和交通流理论加以集成,提供一个良好的辅助驾驶环境,在特定条件下,车辆将在自动控制下安全行驶。系统通过辅助控制、自动控制等措施的实施将达到以下目的：

(1) 避免交通事故的发生；

(2) 提高道路的利用效率；

(3) 提高驾驶员的方便性；

(4) 减轻驾驶员的负担；

(5) 实现车辆的安全高效行驶。

综上所述，先进的车辆控制系统是集成了传感器、计算机、车载控制系统以及车道控制系统的一个自动控制系统，以提供预警，辅助驾驶或在危险行驶情况下自动干预，它是智能运输系统中最复杂、也是最难实现的技术。

2. 车辆控制系统的系统结构及原理

一个完整的先进车辆控制系统由一系列车—路通信系统与车—车通信系统所组成。通信电缆沿路线连续设置，磁性标记埋设于车道中央路表，它们与路面一起构成专用车道。在每辆车上装备有数个磁性传感器（探测路表磁性标记）、一个测距传感器（即雷达探测器，用以测定车自身与前面行驶车辆或障碍物间距）、一个CCD摄像机（即图像传感器，用来辨别和区分道路与障碍）、一个天线及处理系统（用于与LCX通信，接收信息并处理）以及其他一些，如轮速传感器等车辆自身行驶状态传感器；每辆车上还配备了多种传动装置以完成自动控制功能；它们共同构成先进的汽车。先进的车辆控制系统就是专用车道与先进的汽车的完整结合。

先进的车辆控制系统的核心功能就是车辆能够自动驾驶，这就要求车辆能自动控制行驶速率与行驶方向。对于速率控制，系统往往控制的是一个车队，由通信电缆传递的指令控制头车的行驶速率，尾随车辆则需要控制和保持与前后车辆之间的距离（车间距大小取决于头车控制速率），这样进入专用车道的整个车队系统中各车辆的行驶速率是变化的，车辆行驶速率大小取决于汽车驶入专用车道后实际间距以及从通信电缆传送的速率控制指令，对于航向控制，主要是调整车辆行驶过程中发生的偏移，这种控制综合考虑车辆中心线与磁性标记参考线的相对位置，以及同时由通信电缆传送至车辆的道路线形信息。当某些磁性标记损坏或丢失时，航向控制则通过CCD摄像机获得相关行驶区域数据，处理后的数据用来辨别和区分道路与障碍，生成适合于车辆行驶自动控制的区域地图。当发生不正常情况时，如路侧设备与车辆通信中断，车辆本身会发出预警信息,车辆行驶状态由自动方式转为人工方式。

3.车辆控制系统的系统功能

智能化的车辆控制系统,由于延伸了广大驾驶员的控制、视觉和感官功能,将极大地促进道路交通的安全性,因此车辆的智能化发展与交通安全息息相关。为了改善交通安全状况,保障道路交通的安全、畅通、高效、持续发展,研究与开发智能车辆控制技术将是未来车辆技术的核心问题。先进的车辆控制系统的主要研究方向包括防止纵向碰撞和横向擦撞、交叉口避碰、改善视野、危险预警、碰撞前驾乘人员的安全保护、自动公路系统等七个子系统。

(1) 纵向碰撞预防子系统

利用车辆前、后方的传感器分别探测前、后方潜在耐碰撞隐患或即发碰撞事故,为驾驶员提供及时的回避操作指令并自动控制车辆的加减速控制系统以保持适当安全车距,防止车辆与车辆、车辆与其他物体或车辆与行人之间的正面或尾追碰撞。例如,雷达能判断和测试驾驶者的车辆与前方车辆的距离与相对速度,如果车辆之间达不到安全的距离,可以用亮灯或声音警告,也可以用自动制动以保持车辆之间的安全距离和车速。这种功能是避免车辆相撞的一种方式,是自动车辆控制系统研究的一个方向。

(2) 横向碰撞预防子系统

利用车辆左右两侧的传感器分别探测车辆两侧的路况,为改变车道或驶离道路的车辆提供碰撞警告,或使车辆自动控制转向盘与加减速控制系统以保持适当的侧向安全间距,防止两部或多部汽车发生侧撞,或驶离道路的车辆与路侧障碍物发生侧撞。

(3) 交叉路口碰撞预防子系统

在车辆驶近或通过有信号控制的交叉口时,通过传感器及通信系统所获得的情报经处理后可得知是否有碰撞的危险,以根据需要对车辆进行控制,保证行车安全。

(4) 改善视野防撞子系统

改善视野有助于增强行驶环境的可视性,提高汽车驾驶员对路况的观察能力及判断能力,使驾驶员能更好地遵守交通标志与信号。本系统要求具备车载式感测通信设备如摄像机等,能对监测信息进行处理并以适当的、有助于驾驶员理解的方式显示信息。

(5) 安全预警子系统

车载设备将对驾驶员、车辆关键部位及路况进行监测,在驾驶员出现困乏或其他身体不适、车辆关键部件出现功能故障或路面湿滑、急转弯等情况时向驾驶员发出危险警告。如当监测到驾驶员体温下降时,这通常表明驾驶员困乏并开始打瞌睡,预警设备就会发出警报,提醒驾驶员注意,并主动采取措施保证车辆安全行驶。它还可对汽车主轴转速、轮胎气压、轴温、燃油状况、尾气排放等汽车性能参数进行监测、分析并调整,必要时向驾驶员发出报警信号,以预防事故的发生等,这样就使很多原来需要由驾驶员人工关注的信息改由传感器、计算机完成,从而大大提高了汽车运行安全度。

(6) 碰撞前驾乘人员的安全保护子系统

该子系统确定即将发生的碰撞所涉及的车辆或物体的质量、方向、速度、位置、数量以及其他一些重要的物理参数。在发生碰撞的瞬间,该系统依据所确定的参数,迅速启动相应的安全措施,应急安全措施包括启动安全气囊并使其压力处于最佳值以及展开横摇稳定杆等。

(7) 自动化公路子系统

自动公路系统是先进的车辆系统的最终目标,车辆具有速度和转向盘的自动控制并自动导航,可减轻驾驶人员的负担,提供安全舒适的乘车品质。

(四) 智能公交系统

1. 公共交通系统的基本概念

发展公共交通已经成为解决城市交通问题的重要途径。西方不少发达国家在经过了小汽车发展带来的交通堵塞、环境污染等难以排解的问题之后,重新认定公共交通的地位,转而选择"公交优先"的交通模式,公交优先已经成为世界认同的交通可持续发展战略重点之一,大力发展公共交通是解决城市交通问题的重要途径。

先进的公共交通系统(Advanced Public Transportation System,APTS)就是利用信息技术有效改进公交服务,它将先进的电子技术应用到使用效率高的公共汽车、轨道交通以及车辆全程的使用与运行当中,从而使这些系统发展完善成为智能的公交系统。从更广泛的意义上讲,先进的公共交通系统就是要使出行者更多地选择公共交通方式出行。

作为智能交通系统中一个重要的子系统,先进的公共交通系统主要目的是改善公共交通效率(包括公共汽车、地铁、轻轨交通、城郊铁路和城市间的公共汽车),提供便捷、经济的、运量大的公交系统。除公交优先控制系统外,还包括电子收费系统、公交运营智能调度系统、乘客信息服务系统。利用智能交通系统提供的强大功能平台,集成各个子系统,提高整个公交系统的运营管理效率和服务水平。

先进的公共交通系统是通过信息技术落实公共交通优先发展的战略,实现公共交通在城市客运交通中占有较大的运量分担比例,达到城市土地空间资源、能源的高效使用。先进的公共交通系统的应用给我们带来很多益处:

(1) 有利于提高经济效益

先进的公共交通系统可以通过大大提高交通效率而节省大量的燃料和时间,通过减少交通事故,降低因事故而造成的经济损失。这对于提高公交企业经济效益和改善交通从而提高社会各企业的经济效益都是有益的。

(2) 有利于提高社会效益

因先进的公共交通系统而节省下的乘车时间可以提高人们的生活质量。交通事故减少会使人们生活得更舒适与安全。

(3) 有利于改善环境

公共交通效率的提高将会减少堵车所造成的废气排放量,减少人们为方便出行而使用小型汽车的数量,从而改善空气质量。

(4) 有利于城市建设

公共交通的便利,可能促使城市人口向郊区和远郊区流动,人们将居住在距离城市和工作地点越来越远的地方。这样也能够带动当地经济的发展,促进城乡一体化,对于增加城市吸引力、扩大城市影响力都有重大意义。

2. 公共交通系统的用户服务功能

先进的公共运输系统的用户服务功能包括以下四项:

(1) 公共运输辅助管理

公共运输辅助管理利用计算机技术对公交车辆及公共设施的技术状况和服务水平进行实时分析,实现公交系统规划、运营及管理功能的自动化。通过实时分析可发现实际运行情况与行车计划的偏差及原因,并为调度人员和驾驶员提供各种可能的解决方案,从而有助于车辆的准点运行。与先进的交通管理系统相结合,采取公交优先等策略,可以推动公交利用率增长,确保多式联运中出行者中转换乘的便利。此外,客运量、客运周转量、车辆运行时间和累计里程等信息有助于提高服务质量。而运行信息的自动记录功能以及任务完成情况检查功能可以强化公交系统的行政管理力度。

(2) 提供公共运输信息

除了先进的信息系统所提供的有助于公交利用者的信息服务外,该服务还可为利用公共交通运输方式的出行者提供实时的车载中转换乘服务信息,帮助出行者在途中根据需要做出合适的换乘决定并调整行程计划。

(3) 满足个人需要的非定线或准定线公共运输

非定线公共运输指公营或私营的小型合乘车辆可根据用户需要接送乘客。另一种可以改善服务的方案是准定线的公共运输车辆,可驶离固定线路一定的距离,以方便乘客上下车。这类公共运输车辆可以是小公共汽车、出租车或其他小型可合乘的车辆。由于该项服务方便快捷,在人口密度较小路段及其相邻地区可扩大公共交通运输服务的覆盖面。

(4) 公共运输的安全

该项服务可以为公共汽车站、停车场、客运站及行驶途中的公共汽车或合乘车辆提供行驶或工作环境安全监测,及时预警并在必要时自动控制,直到危险解除,从而提高了驾乘人员的安全系数。

(五) 电子收费系统

1. 电子收费系统的基本概念

电子收费系统(Electronic Toll Collection system,ETC)采用了无线电通信、计算机、自动控制等新技术,通过路侧设备与车载电子标签的无线通信,在不需停车的情况下,自动完成收费过程。电子收费系统收费过程中流通的不是传统的现金,而是电子货币。收费电子化是电子收费系统的一个重要特征,电子收费系统的另一个重要特征,是实现了公路的不停车收费。使用电子收费系统的车辆只需要按照限速要求直接驶过收费道口,收费过程自动完成,不必再像以往一样在收费亭前停靠、取卡、付款。

ETC系统与传统收费方式不同,它省去了用户在收费站的停车、交费环节,可以避免车辆在收费口的停车等待以及交费的时间,避免了由于收费造成的交通延误与交通拥堵。统计表明,不停车收费车道的通行能力为2 500辆/时,是人工收费的5倍以上,相当于增加5条人工收费通道。所以ETC系统会有效地提高有限空间的利用率,极大地提高公路收费站的通行能力,解决了因停车收费所造成的收费站堵塞。正因为 ETC 可以解决由于停车收费导致的拥堵问题以及提高服务水平,其在许多发达国家都被采用。在中国,ETC 系统也已经在高速公路投入使用。

电子收费系统的特点有:

(1) 省去了车辆在收费站处的停车、收费环节,消除了车辆在收费口处的停车等待、交费的时间,摆脱了由于收费造成的交通堵塞现象。

(2) 驾驶员不必在收费站直接支付现金,从而避免了各种舞弊和误用现象。

(3) 可以在不建造额外收费设施(更大的收费广场)的情况下提高车流量,还可以减少收费人员的数量,从而减少收费成本。

(4) 对于公众来说由于不停车收费系统消除了汽车在收费站的等待时间,因此在收费广场怠速车辆大大减少,从而减少了排向大气的汽车尾气,降低了大气污染。

2. 电子收费系统的构成

从电子收费的收费原理和收费过程可以看出,电子收费系统主要包括以下几个方面的技术要素:车载单元、路侧收费与控制系统、车载系统与路侧系统间的通信系统、中心管理系统、路侧系统与中心的通信系统、账户系统和监测系统等。各要素之间关系如图 2-17 所示。

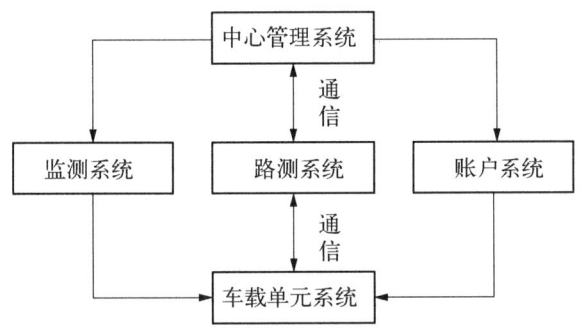

图 2-17 电子收费系统构成要素及关系图

其中,车载单元系统指安装在运动车辆上带有车辆信息且能与路侧系统间实现通信的装置,一般包括车载机和用户标记卡(如 IC 卡)或仅有标记卡;路侧系统主要指与车载单元通信的带辅助天线的路侧阅读器及本地操作控制器,它是完成收费与控制操作的核心部件;中心管理系统对整个收费进行操作、管理和监视;账户系统负责收费业务的存储和账户结算,监测系统则判断收费操作是否正常进行,并对违章或无效车辆进行图像捕捉和拍摄记录,为后续处理提供依据;车载单元与路侧间实现的是无线通信,而路侧系统与管理中心间的通信一般是有线通信。以下分别对各部分构成加以介绍。

(1) 车载单元系统

车载单元是存储了用户账号(或余额)、行驶情况等收费相关信息,未来为方便交通管理还可以存入车辆和驾驶员个人信息;同时还具有通信功能和人机交互功能。

车载单元有三种工作过程:信息发送、信息接收和用户操作。其中前两种由车上单元自动执行,而第三种(主要是信息查询)则在用户的参与下进行。

目前的电子收费系统多数使用第一代车上的单元,也称为应答器或电子标签(TAG)。它用内部存储器存储信息,无外部存储装置,交互功能简单。新一代车上单元将使用外存(IC卡),并提高了交互等功能。

(2) 路侧系统

路侧系统中含有收费的控制单元,一般由其主要负责完成车道的收费操作。控制单元的功能可以划分为两个部分:一部分是电子化收费,如费额计算、路—车通信控制等;另一部分主要是车道控制与管理,包括车型识别、信号灯控制、放行控制等。ETC中的车型划分是自动完成的,这需要借助自动车辆分类(AVC)、自动车辆识别(AVI)等技术。目前在电子收费系统中通常的做法是将车辆的类型信息存储在车载单元里,然后通过与车载单元的通信获得车型信息,以事先划分代替实时测量。

总之,控制单元是具有信息处理功能的自动控制装置。目前,通常使用工业控制计算机来构建控制单元,因为其在控制功能、抗干扰能力、可靠性等方面具有优势。电子收费系统的控制单元可以由半自动系统中的车道控制器扩展而成。先进的控制单元还可以控制多个车道,并与收费站计算机合并。

(3) 中心管理系统

中心管理系统包括收费站计算机和中央处理系统两部分。收费站计算机负责管理收费站,一方面是对站上硬件设施进行管理,包括道口开闭、设备状态监视等;另一方面是对收费的管理,包括实时记录收费操作、定期结算等。

中央处理系统,是处于收费管理机构一级的管理系统。它负责处理收费系统中全局性的事务和事件,如管理下属收费站、处理非法使用者、财务、用户管理等;它还负责与外界其他系统之间的联系,如金融部门的联系。

收费站计算机和中央处理系统都是由计算机构成的系统,其中中央处理系统一般采用大中型计算机及大型系统、应用软件。而对于收费站计算机,它的功能主要由先进的微型计算机系统实现。

收费站计算机与中央处理系统之间通过通信网络相互联系。该网络一般是专用、高速、大容量的。就目前来说,通常采用以光纤为传输介质的通信网。

(4) 账户系统

由于电子收费系统采用电子货币交易,不管是预先支付,还是事后支付,交易都须借助一定的账户来完成和结算,为操作方便,这种账户系统一般采取和金融部门共建的形式,并最后由收费站统一和银行间进行结算。账户系统对每一用户的收费业务进行存储和管理,并最终提供收费站或区域收费中心与银行之间的统计核算。每个账户都由唯一的标记卡或车载单元来实现。

(5) 监测系统

强制监测子系统用于处理非法使用电子收费系统的违规车辆,采用的方法、手段与传统收费系统有所差异。最基本的处理方法是在车道上设置栏杆,拦下不正常缴费的车辆。更常用的手段是对违规车辆拍照或摄像,将得到图像通过通信网络递交有关机构进行辨认、处理。拍摄的内容通常是车辆的前、后号牌,更完善的还包括驾驶员的图像,以用于后续追缴和处罚的证据。一些收费系统还对收费系统操作本身进行监视,以保证收费正常进行。

(6) 通信系统

通信子系统是电子收费系统中的重点,负责实现车上单元与站上收费设备之间的信息交换。电子收费系统中采用的双向无线通信,是一种专用短程通信(Dedicated Short Range Communication system,DSRC)。电子收费系统的技术标准化,最主要的是进行短程通信的标准化。

(六) 紧急救援系统

1. 紧急救援系统基本概念

交通异常事件发生后,及早抢救、快速清除事故是减轻交通事件伤亡等损失的重要环节。因此,组建紧急救援系统非常有必要。紧急救援系统就是由与交通事件有关的救援部门、交通管理、急救中心、消防中心等同交通管理或控制中心联网组成。交通管理或控制中心的交通异常事件检测系统测得并确认发生交通异常事件后,一边自动把交通管理措施信息发给事件上游的后续车辆,一边把事故信息发给联网的有关管理部门,同时在这些部门车辆到达事故地点的路线上发布这些车辆优先通行信号及路线导行信息,让各类急救人员能尽快抵达事发地点。

紧急救援管理系统是一个特殊的系统,其基础是先进的信息系统、先进的交通管理系统和有关的救援机构与设施。通过先进的信息系统和先进的交通管理系统这些设施可以将交通监控中心与职业的救援机构联成有机的整体,提高对突发交通事件的报告和反应能力,改善应急反应的资源配置,为道路使用者提供车辆故障现场紧急处置、拖车、救护、排除故障车辆等服务。

2. 高速公路紧急救援系统框架

(1) 逻辑框架

紧急救援系统的逻辑功能为:

① 紧急事件自动探测。应用各种交通检测技术提供紧急事件发生的位置、引起的道路拥挤状况,以及影响的范围与程度。

② 救援资源的优化配置。建立救援资源优化分布模型,形成救援资源信息库;根据救援资源的分布及资源辐射范围的划分,确定分级救援的模式,特别是制定救援资源的配置地点与配置规模。

③ 救援资源的联动调度。在交通应急指挥机构的领导下,通过交通紧急救援指挥中心,将紧急事件处理所涉及的联动部门,如交警、路政、排障、养护、消防、救护等作为救援资源进行管理,在事件发生时,确保救援方案快速有效的实施。

④ 紧急救援决策支持。响应紧急事件,调用救援预案,确认事故地点及可达性,提供救援路线,制定交通控制与管理策略。

⑤ 危险品运输的紧急救援。结合国家安全运输制度,制定应急指挥、紧急车辆和设备的处置措施;建立剧毒、腐蚀性、爆炸及一级氧化剂等危险品货物事故的处置流程。

⑥ 紧急事件下的交通管制。根据事故的性质和路网中交通流的运行状况,制定相关匝道和主线的控制方案;根据事故发生地点,道路拥挤情况,救援设备所在位置,生成各部门赶往事故地点的最佳救援路线;根据事故的影响程度,给出各类警告提示信息。

紧急救援系统的逻辑结构如图 2-18 所示。

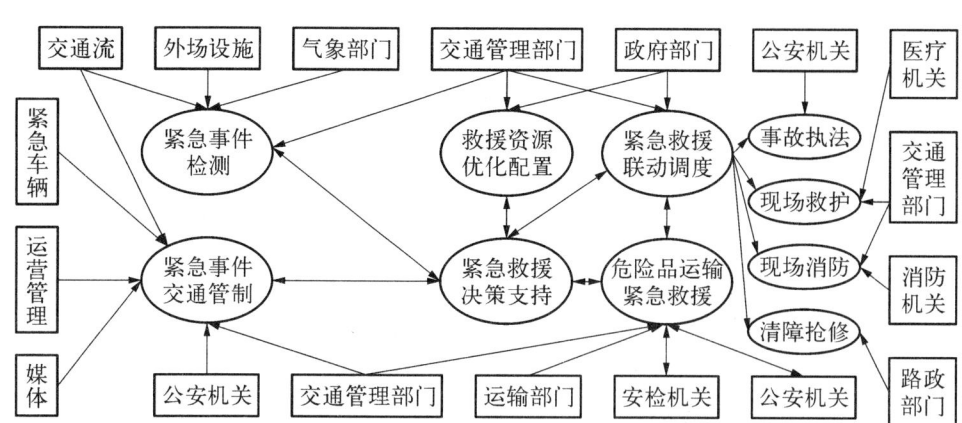

图 2-18　紧急救援系统的逻辑结构

(2) 物理框架

紧急救援系统的物理结构为：

① 交通紧急信息采集系统。准确、及时、高质量的紧急信息采集与事件探测是紧急事件救援前提条件和关键。该系统通过道路交通检测设备(如环形线圈、红外、视频、微波等检测器)、浮动车数据等提供当前紧急事件的数据。这些数据经过验证、转换、融合等处理，成为实现高速公路紧急救援的基本数据。

② 交通紧急救援中心(救援信息平台与决策支持系统)。紧急救援系统的核心部分，其主要功能为：交通事故的确认与等级划分；救援资源的配置与调度方案；紧急救援决策支持预案的制定；危险品运输事故的紧急救援方案；救援过程调度与协调方案的制定。

③ 紧急事件信息发布与服务系统。应用路侧可变情报板、交通广播、车载导航系统向驾驶员提供排队长度和交通事故的发生地点、严重程度及排除时间等信息；支持管理者对事故记录数据库的信息进行挖掘、提炼和加工。同时，系统还具备自学习的能力，对所得到的各种经验参数进行修正，使之在救援同类事故时，能生成最佳救援方案。

④ 紧急救援实施系统。该系统在救援方案被确认后启动。一方面负责接受、发送来自救援中心及各部门终端的指令和方案，确保整个救援过程有序地进行；另一方面对整个救援过程实施全程监控，随时跟踪事故现场的最新动态，必

要时迅速调整或重新生成各类救援方案,并及时发布修改后的救援指令,协调各救援部门的行动及救援资源的使用。

紧急救援系统的物理结构如图 2-19 所示。

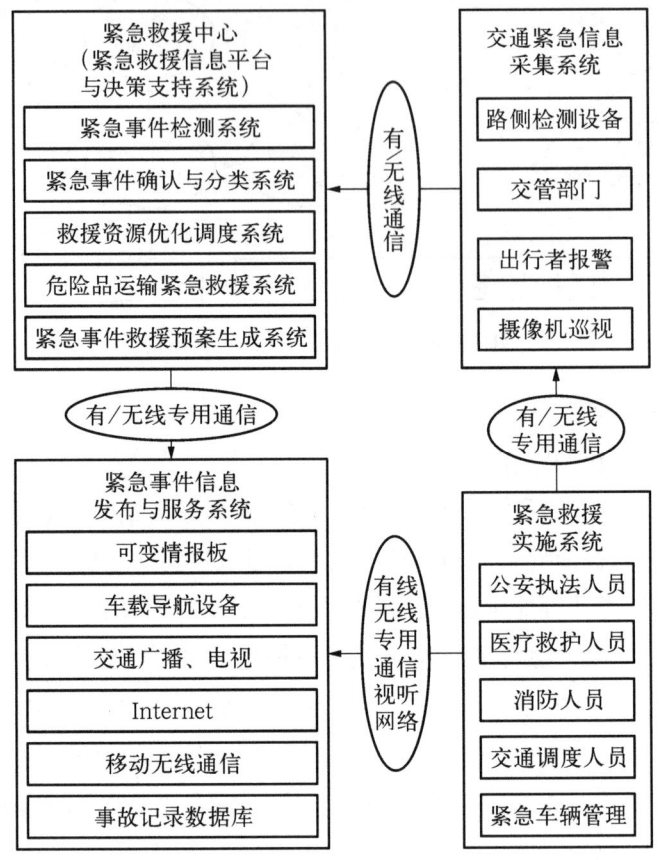

图 2-19 紧急救援系统的物理结构

第三节 智能交通系统的体系框架

一、智能交通系统体系框架组成

我国智能交通系统体系框架主要包括如下部分:用户主体、服务主体、用户服务、系统功能、逻辑框架、物理框架、智能交通系统标准和经济技术评价。表2-1列出了智能交通系统体系框架各组成部分与服务的关系[①]。

表2-1 智能交通系统的体系框架

组成部分名称	作　　用
用户主体	谁将是被服务的对象,明确了服务中的一方
服务主体	谁将提供服务,明确了服务中的另一方,它与用户主体和特定的用户服务组成了系统基本的运行方式
用户服务	明确系统能提供什么样的服务
系统功能	将服务转化成系统特定的目标
逻辑框架	服务的组织化
物理框架	服务怎样具体提供
智能交通系统标准和经济技术评价	其他经济技术因素影响评价

从开发流程的角度来说,智能交通系统体系框架开发步骤主要包括确定用户服务内容、建立逻辑框架、建立物理框架和明确标准化内容四部分,是从不同角度对智能交通系统分析的过程。用户服务是从用户的角度对智能交通系统能提供的服务内容进行描述;逻辑框架则是从系统如何实现智能交通系统服务的角度进行分析,给出智能交通系统应具有的功能及功能间的数据流关系;物理框架是把智能交通系统逻辑功能落实到现实实体,如车载设备、道路设施、管理中心等设备或组织;智能交通系统标准化则是为了保障智能交通系统体系中不同信息通信系统的信息交换并实现信息化。

因此,智能交通系统体系框架,既充分考虑了用户需求,具有严密的逻辑,又与现实世界紧密联系,具有贴合实际、逻辑清晰、便于操作的特点。可以说,智能交通系统体系框架是开展智能交通系统规划和建设的基础,是规范智能交通系统发展的重要手段。本节将对智能交通系统体系框架中的用户服务、逻辑框架、物理框架和智能交通系统标准体系进行介绍。

---

① 杨兆升,于德新. 智能运输系统概论. 第3版[M]. 人民交通出版社,2015.

二、用户服务

(一)用户服务的基本概念

用户服务是从用户角度对智能交通系统提出要求,即是问题定义的过程。用户服务是智能交通系统体系框架的基础,它决定了智能交通系统体系框架是否完整,是否满足用户需要。

智能交通系统体系框架中的用户服务部分主要用来明确智能交通系统的用户及用户需求,明确划分智能交通系统中各个子系统的用户,并且通过用户调查、访问等形式确定各个子系统的用户需求,对用户需求进行合理排序后指导实施顺序。

(二)我国智能交通系统体系中的用户服务

我国智能交通系统体系中用户服务包括由9个服务领域、47项服务、179项子服务组成的用户服务层次表以及各服务元素的描述表。表2-2给出了用户服务层次表中的第一层用户服务领域的划分[①]。

表 2-2 用户服务领域列表

编号	中文名称	英文全称	英文缩写
US1	交通管理	Traffic Management	TM
US2	电子收费	Electronic Payment	EP
US3	交通信息服务	Transportation Information Service	TIS
US4	智能公路与安全辅助驾驶	Intelligent Highway & Assistance for Safe Driving	IHASD
US5	交通运输安全	Transportation Security	TS
US6	运输管理	Transportation Operation Management	TOM
US7	综合运输	Multimodal Transportation	MT
US8	交通基础设施管理	Transportation Infrastructure Management	TIM
US9	智能交通系统数据管理	ITS Data Management	DM

---

① 杨兆升,于德新. 智能运输系统概论. 第3版[M]. 人民交通出版社,2015.

三、逻辑框架

（一）逻辑框架的基本概念

逻辑框架定义了为提供各项用户服务而必须拥有的功能和必须遵从的规范以及各功能之间交换的信息和数据流，它包括功能域功能、子功能、过程等多个层次及其数据流。

逻辑框架是智能交通系统体系框架开发的重要环节，其作用是明确完成用户服务需要的功能支持及功能之间数据流交互，给出详尽的数据流属性。从用户服务到逻辑框架的转化，是一个用户服务不断细化分解成功能、相近功能重新组合的过程，它不仅从宏观上把握智能交通系统所需功能，而且从微观上对功能进行了重组。由此使得智能交通系统体系框架的构建具有严密的逻辑关系，为物理框架的构建提供了基础。

（二）我国智能交通系统的逻辑框架

智能交通系统的逻辑结构是我国智能交通系统体系框架的重要层次，它主要表述交通系统各功能间的交互关系。通过交通系统的逻辑结构，可以最大限度地描述系统可能拥有的功能；这些功能与用户服务相对应，通过相关功能的组合可以完成特定的服务；交通系统的相关功能也不是孤立的，它需要从系统的其他功能获取必要的信息，同时也可以向其他功能提供所需的信息。因此，智能交通系统的逻辑结构就是交通系统功能间相互交互、支持并完成相关服务而构成的逻辑层次。

我国智能交通系统体系框架的逻辑结构为层次结构，包括 10 个功能域、57 项功能、101 项子功能、406 个过程组成的四层逻辑元素层次表和 161 幅数据流图以及相应的逻辑元素描述表、数据流描述表。逻辑框架最主要的内容就是描述系统功能和系统功能之间的数据流，图 2-20 展示了智能交通系统逻辑框架顶层结构[1]。

四、物理框架

（一）物理框架的基本概念

物理框架定义了组成智能交通系统的实体（子系统和终端）以及各实体间的框架流。物理框架把逻辑框架中给出的过程分配到各子系统中，并且把数据流

---

[1] 杨兆升，于德新. 智能运输系统概论. 第 3 版[M]. 人民交通出版社，2015.

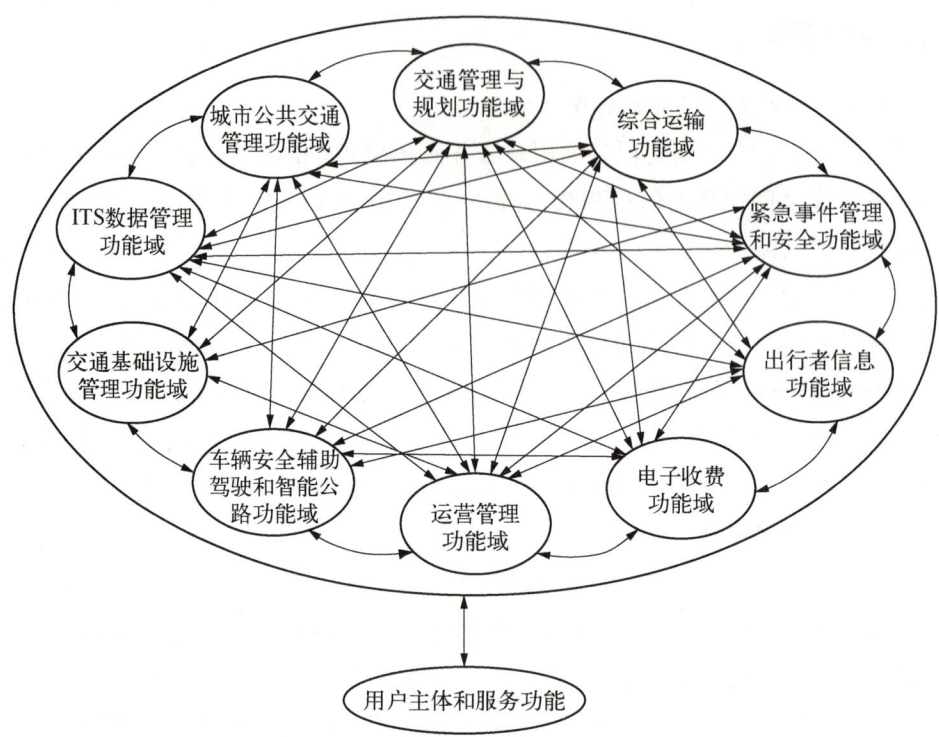

图 2-20　智能交通系统逻辑框架顶层结构

组合成框架流,这些框架流和它们之间的通信需求定义了各子系统的界面。

物理框架是由逻辑框架中功能进行组合得到的,其组合原则大致完整地包含逻辑功能与现实世界存在的系统相一致或相似,具有一定的可操作性。同时,物理框架与用户服务具有一定的对应关系,物理系统是对用户服务的实现。

物理框架同逻辑框架一样具有层次,分为系统、子系统、模块以及模块之间交互的框架流。从与逻辑框架对应的角度讲,系统与功能域相当,子系统与系统功能相当,模块与功能相当,框架流是逻辑数据流的某种组合。物理系统划分事实上并不是固定模式的,从数学的角度讲,只要这种划分是可以全部覆盖和完成逻辑框架规定的功能。

(二)我国智能交通系统体系中的物理框架

我国智能交通系统的体系框架的物理框架包括由 10 个系统、38 个子系统、150 个系统模块组成的三层物理元素层次表和 51 幅物理框架流图以及物理元素描述表、框架流描述表。图 2-21、图 2-22 分别是两种不同的物理顶层,基本

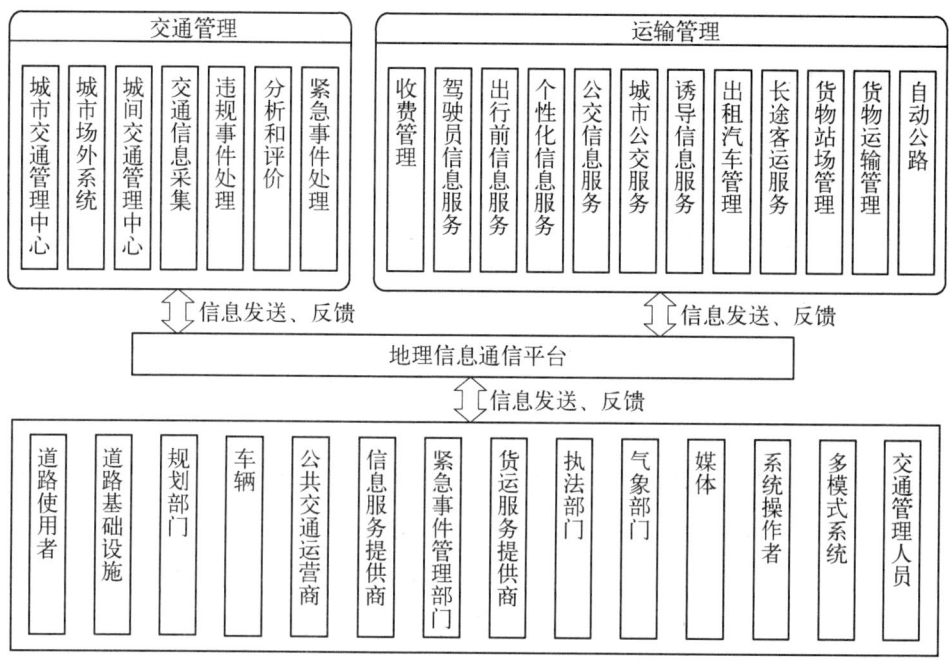

图 2-21 中国智能交通系统物理框架顶层结构（一）

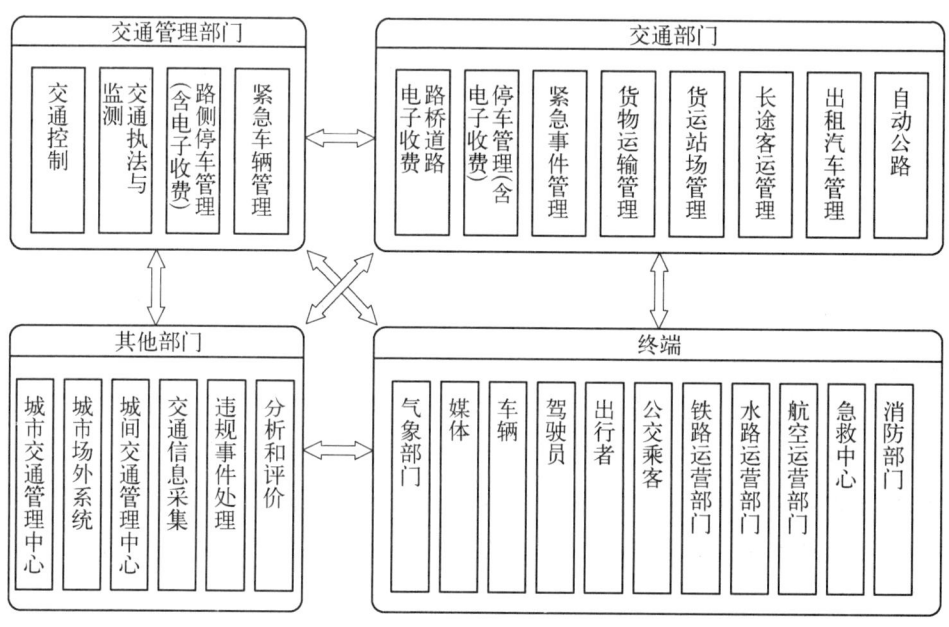

图 2-22 中国智能交通系统物理框架顶层结构（二）

可以顺应目前中国城市中不同的管理体制①。

五、标准体系

（一）标准体系的基本概念

智能交通系统要涉及多个交通系统,为了使各个系统能够很好地结合起来,必须有一套适用的标准体系作为保障。所谓标准化,就是通过标准的制定和认定,把放任自由的、多样的、复杂和无秩序的规格和事项,通过有关方面取得一致认同后,使之少数化、简单化和有序化。智能交通系统标准化是指一系列符合开放系统互联七层模型、交通领域的电子信息产品以及应用系统的开发与制造都必须遵循的国际、国家标准以及行业规范。所谓开放系统互联七层模型,是一个规定了通信协议所应具有的基本功能和服务的模型,由物理层、数据链路层、网络层、传输层、会话层、表示层和应用层七层组成②。

智能交通系统技术标准化的目标是保障智能交通系统体系中不同信息通信系统的信息交换并实现信息化,主要开发信息通信系统和服务标准。

（二）标准体系的意义

智能交通系统大范围应用的基础是标准化,反过来,标准化工作的开展又将大大促进智能交通系统的实施。标准化至少会带来以下三方面的功能:

一是与经济活动密切相关的功能,包括提供产品信息、普及技术、提高生产效率、完善竞争环境、确保互换性及有利于生产工艺的管理等。

二是作为达到社会目的的一种手段,有利于保护环境、确保安全性、节省能源、保护消费者、增进社会效益。

三是作为促进相互理解的行动规则,通过采用易于使用的语言、术语、制图符号进行通信,并规定试验方法和客观的评价标准,使得人们在生产设计和实施中思想的广泛交流成为可能。

交通运输作为社会化的大生产,涉及的部门很多,要实现各部门之间的联系和协作,标准化必不可少。尤其是智能交通系统作为先进的信息技术、通信技术、电子技术和交通运输管理系统相结合的一个大系统,系统集成是其主要特征,而要实现系统的集成,标准化是重要的基础。随着智能交通系统逐渐形成一

---

① 杨兆升,于德新. 智能运输系统概论. 第3版[M]. 人民交通出版社,2015.
② 杨兆升,于德新. 智能运输系统概论. 第3版[M]. 人民交通出版社,2015.

个新兴的产业,而产业的出现必定带来标准化问题,同时智能交通系统大范围应用的基础也要归结于标准化;反过来,标准化工作的开展又将大大促进智能交通系统的实施。标准化的意义具体表现在:

1. 标准化可保障全国范围内的兼容性

在一个系统的体系结构中,物理层中的物理实体存在许多接口,而只有接口的标准化才能保证接口的互联性,从而实现全国范围内的兼容性。比如,车辆与道路之间的短程通信接口一旦标准化,配备此接口的终端将能在全国范围内轻松接收路边设施所发出的信息。

2. 标准化有助于拓展智能交通系统相关产品的提供渠道,创造更大的市场空间

在生产领域,标准的制定能刺激生产的发展。原始设备生产厂商根据制定的标准更易于组织科研和生产,也促使更多的厂商加入到产品提供者的行列中来,因此使得智能交通系统产品更丰富,解决方案更多样化,服务功能更完善。缺乏标准的产品,通常被局限在国内市场的狭小空间,更不用说同国际市场接轨。

3. 标准化有利于系统集成

标准化使得智能交通系统相关产品接口规范性好、互联性强,更易于系统集成。智能运输系统是一项庞大的系统工程,通常每项服务功能都不是单个设备所能完成的,接口设备的互联性对系统集成至关重要。在实际工程中,标准的统一对缩短工期,降低造价,提高系统的可靠性相当重要。

4. 标准化有利于减轻风险,保护投资

标准化对产品的提供者和消费者都有好处。企业按照标准生产的产品不会由于接口不匹配的原因受消费者冷落。消费者也不会因购买的产品不标准而无法在系统中使用,根据标准提供某种产品或服务的企业不会独此一家,消费者有选择挑剔的余地,消费者不会由于某种产品的特殊性而不得不终生依赖该产品的生产商。标准化有利于减轻提供者和消费者的风险。

5. 标准化是市场保护的重要手段

我国加入世界贸易组织后,贸易壁垒逐步消除,众多产业将面临外国企业进入的巨大威胁,智能交通系统形成的这一产业也不例外。

标准化是全国范围内工程兼容性的保证,是实施可操作智能交通系统项目的基础。标准化有利于建立局部和全国范围内的可靠的、稳定的系统;开放式的

标准鼓励为提供更好的智能交通系统服务功能而竞争,从而最终使用户获益。标准化开辟出更大的规范化产品市场,使生产者易于规模经营,从而降低成本和经营风险。

(三) 我国智能交通系统标准

由于智能交通系统是一个非常大的系统,需要许多部门和企业提供产品,因此标准规范的制定必须走在前面。目前,国际上有关智能交通系统标准体系的研究已进入一个深入的阶段,而国内智能交通系统领域的标准化工作起步较晚,如不能及时有效地进行这一工作,将直接影响我国智能交通系统领域的协调发展。

为了做到这一点,必须总结既定的智能交通系统相关标准(智能交通系统领域中会采用到的国家标准、行业标准、国际标准),制定适合国内情况并与国际接轨的智能交通系统标准体系表。从 1997 年到 1998 年,交通部公路科学研究所完成了交通交通部重点科研项目"智能运输系统发展战略研究",1999 年课题组公开了他们的研究成果,其中有对于中国智能交通系统体系结构和标准化的意见。

1. 我国智能交通系统标准化发展历程

中国政府管理标准化的部门是国家质量技术监督局,对各专业领域和各行业的管理是通过各技术委员会和专业部门进行管理的,国家质量技术监督局很早就开始重视智能交通系统的标准化工作,并为开展此方面工作进行了一系列的组织安排。

1995 年,国家质量技术监督局确定交通工程设施标准化技术委员会的依托部门为交通部;委员会秘书处设在交通部公路科学研究所。同年,国家质量技术监督局批准国际标准化组织的交通控制和通信技术委员会(ISO/TC204)在中国的归口部门为交通部,技术依托单位为交通部公路科学研究所。从这一年开始,在国家质量技术监督局和交通部指导下,交通部公路科学研究所开始参与 TC204 活动。1996 年 7 月,中国交通工程设施标准化技术委员会正式成立。1998 年,在国家质量技术监督局的指导下,交通部正式批准成立 ISO/TC204 中国秘书处,地点设在交通部智能交通系统工程研究中心(即现国家智能交通系统工程技术研究中心)。该委员会由政府有关部门的官员、企业界和学术界的专家组成,在国家质量技术监督局的领导下开展中国智能交通系统标准相关工作并代表中国参加国际智能交通系统标准化活动。

作为国际标准化组织交通控制和通信技术委员会(ISO/TC204)在中国的技术依托单位,国家智能交通系统工程技术研究中心负责以下几方面工作:

(1) 向国家质量技术监督局和有关行政主管部门提出智能交通系统标准化工作方针、政策和技术措施的建议;

(2) 协助制定智能交通系统标准体系表,提出制定、修订智能交通系统国家标准和行业标准规划和年度计划的建议;

(3) 根据国家质量技术监督局和有关行政管理部门批准的计划,协助组织我国智能交通系统国家标准和行业标准的制定、修订和复审工作;

(4) 受国家质量技术监督局委托,负责我国国际标准化组织(ISO/TC204)以及其他有关国际组织对口的智能交通系统标准化技术业务工作,包括对国际标准文件的表态,审查我国提案和国际标准的中文译稿以及提出对外开展标准化技术交流活动的建议等;

(5) 受委托承担我国智能交通系统标准的制定、审查、宣传贯彻、咨询等技术服务工作。

ISO/TC204 中国秘书处在广泛开展国际交流与合作的同时,为智能交通系统领域的标准化进行了以下一系列的准备工作:

1997 年 12 月,交通工程设施标准化技术委员会完成了公路交通工程设综合标准化研究报告和标准体系表,并在进行各种相应试验和测试的基础上制了国家首批急需的 20~25 项标准。在该体系表中,智能交通系统被列入专业标准范畴,共制定出 82 个相关标准。这为智能交通系统的标准体系研究工作奠定了基础,同时该标准体系表中的监控系统、通信系统、收费系统等标准可与智能交通系统标准相配套,将所有这些系统进行结合研究有利于体现智能交通系统标准体系的整体性,同时发挥智能交通系统标准体系的整体功能。

1998 年 5 月,智能交通系统工程技术研究中心向交通部提交了智能交通系统发展战略研究报告,在这一报告中,智能交通系统的标准化被列入重点科研内容。在仔细分析和研究国外智能交通系统标准化工作后,提出了中国需要标准化的领域和急需标准化的领域,这为推进智能交通系统标准工作走向科学化和正规化打下了良好的基础。

1999 年 2 月,交通部公路科学研究所承担了交通部的工作项目——智能交通系统标准体系表的前期工作,正式开始了标准化的具体工作。

2001年5月,联系各大学、研究机构和企业产业化部门筹划成立专业小组,确定各小组负责的领域和标准制定计划。

2. 我国智能交通系统标准覆盖的范围

1999年10月,在科技部和国家质量技术监督局的统一安排下,国家智能交通系统工程技术研究中心和ISO/TC204中国秘书处承担了"中国智能交通系统标准体系的研究"。研究的主要内容有:明确潜在的需要制定标准的领域,制定出智能运输系统标准框架和体系表,开展一些急需标准的制定工作。该研究的主要内容已经完成,提出的标准体系表按不同层次覆盖了电子地图及定位、电子收费、交通管理与紧急事件管理、综合运输与运输管理、信息服务、自动公路与车辆辅助驾驶系统等领域,有300多项标准。

智能运输系统标准包括:

(1) 基础标准:包括智能交通系统术语(基本术语和概念模型)、数据单元词典;

(2) 接口标准:有全国兼容要求及部分有区域兼容要求的接口标准;

(3) 产品标准:对较成熟的专用产品制定标准,如停车设备、交通控制设备、电子收费设备;

(4) 方法标准:例如ETC系统车载单元和路侧设备的测试过程、人机界面的评价等;

(5) 服务标准:出行者信息服务、车辆安全与辅助驾驶、综合运输服务、紧急事件和安全服务、自动公路用户服务等。

3. 我国智能交通系统标准体系

在确定智能运输系统标准时,国外一般采用智能交通系统体系框架为基础,分析标准需求,形成标准需求包。但是我国的现实情况有所不同,我们既要以我国智能运输系统体系框架为基础,保证智能运输系统的完整性,又必须考虑目前管理体制的情况,从而保证其可操作性和可实现性。因此,我国智能运输系统标准体系划分为两层:上层为智能运输系统通用标准,下层为分系统标准[①]。标准的分层结构如图2-23所示。

---

① 朱茵,王军利,周彤梅. 智能交通系统导论[M]. 中国人民公安大学出版社,2007.

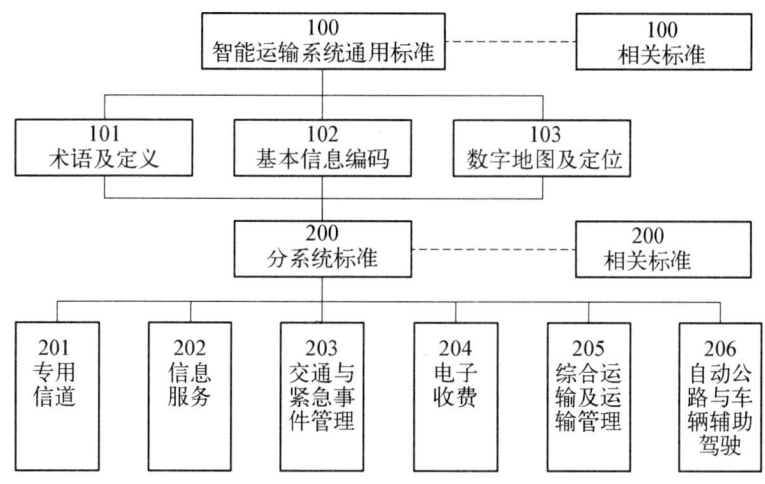

图 2-23 标准的分层结构

我国智能交通系统相关标准的内容如表 2-3 所示。

表 2-3 智能交通系统相关标准明细表

	相关标准	内容
通用标准	101 术语及定义	术语、缩略语、符号、标志等
	102 基本信息编码	信息、出行者、交通运输基础设施、交通运输运营管理部门、车辆、运输线路、交通运输管理与控制等的分类、代码、编码规则及数据词典
	103 数字地图及定位	① 数字地图信息分类编码、数据格式、数据交换、数据更新； ② 车辆定位技术要求、定位信息交换、定位设备技术条件
系统标准	201 专用信道	① 专用短程通信：应用层、数据链路层； ② 电子收费、停车、信号优先控制、车辆间专用短程通信技术条件和信息交换； ③ 交通运输专用集群通信系统技术条件； ④ 车内显示设备、交通监控等设备通信接口
	202 信息服务及路线诱导	信息服务（包括线路诱导、公交、停车、交通状况、多式联运、紧急事件等服务）的定义、编码、数据词典数据格式、设备技术要求
	203 交通与紧急事件管理	① 交通紧急事件、交通违章、事故、交通管理设备等的分类、代码编码； ② 外场设备、交通管理中心、交通事故、紧急事件、停车管理、排放、交通需求等信息交换； ③ 交通管理外场设备的技术条件； ④ 交通规划规范

续表

相关标准		内容
系统标准	204 电子收费	电子收费信息交换、安全管理、设备技术条件测试及管理规程、电子收费清算
	205 综合运输及运输管理	① 货运电子数据交换(EDI)，危险品运输、货运、客运、多式联运信息交换，车辆与管理中心间信息交换，管理中心与外系统间信息交换； ② 车辆调度、多式联运服务规范； ③ 车辆和货物自动识别设备、电子站牌等设备的技术条件
	206 自动公路与车辆辅助驾驶	① 自动公路技术条件、管理维护规范； ② 车辆辅助驾驶及自动驾驶的安全、技术条件、信息交换、操作规范； ③ 车辆被盗后系统的信息交换

智能交通系统标准体系基本确定了我国在智能交通系统领域究竟要开展哪些标准的制定。智能交通系统标准体系对国家智能系统体系框架中不同系统间交换的信息进行了标准化，这一标准体系的制定有利于实现智能交通系统在全国范围内的兼容性、建立局部和全国范围内可靠和稳定的系统、保障我国交通运输业健康发展。

第四节　智能交通系统的关键技术

一、地理信息技术

（一）地理信息系统

1. 地理信息系统的基本概念

地理信息系统(Geographic Information System，GIS)是以地理空间数据库为基础，在计算机软硬件的支持下，对空间相关数据进行采集、管理、操作、分析、模拟和显示，并采用地理模型分析方法，适时提供多种空间和动态的地理信息，为地理研究和地理决策服务而建立起来的计算机技术系统。地理信息系统在国民经济建设中得到了广泛运用，特别是在地域开发、环境保护、资源利用、城市管理、灾情预测、人口控制、交通运输等方面发挥着积极的作用。

关于地理信息系统可以从如下几个方面来理解：

（1）地理信息系统的物理外壳是计算机化的技术系统，该系统又有若干个相互关联的子系统，如数据采集子系统、数据管理子系统、数据处理和分析子系统、可视化表达与输出子系统等，这些子系统的构成直接影响着地理信息系统的硬件平台、系统功能和效率、数据处理的方式和产品输出的类型。

（2）地理信息系统的操作对象是空间数据，即以点、线、面方式编码并以(x,y)坐标储存管理的离散型空间数据，或者以一系列栅格单元表达的连续型空间数据。空间数据的最根本特点是每一个地理目标都按统一的地理坐标进行编码，实现对其定位、定性、定量拓扑关系的描述。地理信息系统以空间数据作为处理和操作的主要对象，这是它区别于其他类型信息系统的根本标志，也是其技术难点之所在。

（3）地理信息系统的技术优势在于它的混合数据结构和有效的数据集成、独特的地理空间分析能力、快速的空间定位搜索和复杂的查询功能、强大的图形创造和可视化表达手段以及地理过程的演化模拟和空间决策支持功能等。其中，通过地理空间分析可以产生常规方法难以获得的重要信息，实现在系统支持下的地理过程动态模拟和决策支持，这就是地理信息系统的研究核心，也是地理信息系统的重要贡献。

（4）地理信息系统与地理学和测绘学有着密切的关系，地理学是一门研究人地相互关系的学科，研究各自然界面的生物、物理化学过程，以及探求人类活动与资源环境间相互协调的规律，这为地理信息系统提供了有关空间分析的基本观点与方法，成为地理信息系统的基础理论依托。测绘学不但为地理信息系统提供各种不同比例尺和精度的定位数据而且其理论和算法可直接用于空间数据的变换和处理。而地理信息系统引入地学界，如同 FORTRAN 语言引入计算机科学界一样重要，地理信息系统是以一种全新的思想和手段来解决复杂的规划、管理和地学相关问题，例如城市规划、商业选址、环境评估、资源管理。灾害监测、全球变化，甚至在现代企业中制定科学经营战略的一种重要手段，因为企业对外界的认知能力和信息处理能力提高了，就能创造空间上的竞争优势。解决这些复杂的空间规划和管理问题，是地理信息系统应用的主要目标。

2. 地理信息系统的基本组成与功能

一个实用的地理信息系统要支持对空间数据的采集、管理、处理、分析、建模和显示等功能,其基本构成一般包括以下五个主要部分:系统硬件、系统软件、空间数据、应用人员和应用模型。

(1) 计算机硬件系统

计算机硬件是计算机系统中的实际物理装置的总称,可以是电子的、电的、磁的、机械的、光的原件或装置,是地理信息系统的物理外壳,系统的规模、精度、速度、功能、形式、使用方法甚至软件都与硬件有极大关系,受硬件指标的支持或制约。地理信息系统由于其任务的复杂性和特殊性,必须由计算机设备支持。地理信息系统硬件配置一般包括四个部分:

① 计算机主机;

② 数据输入设备:图形数字化仪、图像扫描仪、键盘、通信端口等;

③ 数据存储设备:软盘、硬盘、磁带、光盘及相应的驱动程序;

④ 数据输出设备:图形图像显示器、矢量点阵打印机等。

(2) 计算机软件系统

指地理信息系统运行所必需的各种程序,通常包括:

① 计算机系统软件:由计算机厂家提供的、为用户开发和使用计算机提供方便的程序系统,通常包括操作系统、汇编程序、编译程序、诊断程序、库程序以及各种维护使用手册、程序说明等,是地理信息系统日常工作所必需的。

② 地理信息系统软件和其他支撑软件:可以是通常的地理信息系统工具系统或专门开发的地理信息系统软件包,也可包括数据库管理系统、计算机图形软件包、CAD、图像处理系统等,用于支持对空间数据输入、存储、转换、输出和与用户接口。

③ 应用分析程序:是系统开发人员或用户根据地理专题或区域分析模型编制的用于某种特定应用任务的程序,是系统功能的扩充与延伸。在优秀的地理信息系统工具支持下,应用程序的开发应是透明的和动态的,与系统的物理存储结构无关而随着系统应用水平的提高不断优化和扩充。应用程序作用于地理专题数据,构成地理信息系统的具体内容,这是用户最为关心的真正用于地理分析的部分,也是从空间数据中提取地理信息的关键。用户进行系统开发的大部分工作是开发应用程序,而应用程序的水平在很大程度上决定系统的实用性优劣和成败。

(3) 地理空间数据

地理信息系统的操作对象是空间数据,它具体描述地理实体的空间特征属性特征和时间特征。空间特征是指地理实体的空间位置及其相互关系;属性特征表示地理实体的名称、类型和数量等;时间特征指实体随时间而发生的相关变化。根据地理实体的空间图形表示形式,可将空间数据抽象为点、线、面三类元素,它们的数据表达可以采用矢量和栅格两种组织形式,分别称为矢量数据结构和栅格数据结构。

(4) 应用人员

包括系统开发人员和地理信息系统技术的最终用户,他们的业务素质和专业知识是地理信息系统工程及其应用成败的关键。

(5) 应用模型

地理信息系统应用模型的构建和选择也是系统应用成败至关重要的因素,虽然地理信息系统为解决各种现实问题提供了有效的基本工具,但对于某一专门应用目的的解决,必须通过构建专门的应用模型。地理信息系统在智能交通系统中的应用需要专业模型进行结合。

3. 地理信息系统技术在智能交通系统中的应用

地理信息系统是在计算机硬件、软件支持下,对有关业务数据按地理位置(在这里,"地理"指的是"空间",用以表述信息的空间位置和关系)进行预处理、输入、存储、显示查询索引、分析处理并提出应用的技术系统。智能交通管理所涉及的各类信息,大部分都与地理位置及分布密切相关,如道路网分布信息、交通设施分布信息、交通流量分布信息、交通事故分布信息、交通民警警力分布信息等,无一不与地理位置有关。在交通管理和交通信息服务中使用地理信息系统技术具有实际意义,它是地理信息系统技术应用的一个重要领域。先进的交通管理/控制中心、车载导航系统和地图信息显示装置都广泛应用基于地理信息系统开发的数字地图数据库,使地理信息系统成为智能交通系统的主要支撑技术之一[①]。

(1) 在道路交通管理中的应用

公路交通的管理过程中主要有两种数据:属性数据和空间数据。属性数据包括大量的统计数据;空间数据是反映交通设施的空间坐标位置的数据,主要指地图图形。如果把属性数据和空间数据紧密地结合在一起,将使得整个交通的

---

① 陈旭梅. 智能运输系统[M]. 中国铁道出版社, 2007.

管理更加方便快捷和形象直观,并彻底改变交通网络规划建设、管理及资料保存的传统模式,从而实现交通规划、交通管理的计算机自动化。

利用地理信息系统技术,能集数据管理、数据分析、图形管理、图形编辑、彩色图形输出等功能于一体,可方便、有效、快速地存储、更新、操作、统计、分析和显示所有交通网络信息,使管理者对各方面情况的研究不再是孤立的,而将自己置身于自然和社会环境当中,直观地掌握全面情况,从而大大提高交通的现代化管理水平,对公路交通的管理将起到非常积极的作用。

（2）在公共交通运营调度中的应用

公交调度平台是公共交通运营调度指挥系统对运营情况进行监视、发布调度命令的平台。公交调度平台的主要功能包括七个方面：实时监视；提供决策方案；运营指标统计和查询；运行时刻表编制；公交运营线路规划；编制车辆保养计划；公交地理信息系统。其中公交地理信息系统显示全市的公共交通线路、站点布局、分公司布局、各单位分布、旅游景点分布、道路状况、小区状况等信息,并可对公交沿线状况、单位地点、旅游景点等进行查询,对公交公司、分公司运营状况进行查询分析等。公共交通地理信息系统是本调度平台的重要组成部分。同时实时监控也要利用公交地理信息系统的图形化界面——电子地图来显示运营车辆的实时位置信息。

该调度指挥系统是集调度信息实时采集、实时传输、实时处理及图形化显示为一体的系统,系统采用智能化调度手段,实现调度员对公交运行车辆监视、运行调整、发布调度命令,并实现运营统计分析、编制公交运营计划（时刻表、配班计划）、公交线路网优化等功能。

（二）全球定位系统

1. 全球定位系统的基本概念

全球定位系统（Global Positioning Systems，GPS）是一个由24颗卫星组成的、提供24小时全天候服务的定位和导航系统。这一地理信息技术已经在自然资源管理、城市发展和研究、农业和社会科学等领域得到了广泛的应用。GPS技术是智能交通系统中自动车辆定位应用（AVL）的最主要的一种定位技术。

早在1959年,美国就开始研制海军导航卫星系统NNSS（Navy Navigation Satellite System）,即所谓的"子午仪"系统。该系统于1964年1月研制成功,1967年7月解密。子午仪系统的广泛应用体现了卫星导航的全球、全天候等优异特性。但是,由于子午仪系统只能提供二维定位信息,而且由于定位时间需要 9~10 分钟,因而很难适合高速运动物体(如飞机)的要求。为了满足各类用户对导航定位精度越来越高的要求,继子午仪系统之后美国于 1973 年正式批准研制部署新一代的全球定位系统。到 1993 年 6 月止,卫星的部署已经完成。它被美国列为重点空间计划,成为继"阿波罗"登月计划、航天飞机计划之后的第三项庞大的空间计划。它将从根本上解决人类在地球上的宇航和定位问题。

2. GPS 主要特点

GPS 与其他导航系统相比的主要特点有:

(1) 全球连续定位。该系统能为全球任何地点或近地用户提供连续的全球导航服务。

(2) 定位精度高。GPS 能为各种用户提供七维导航信息,即三维定位装置信息、三维速度信息和精确的时间信息。试验表明,定位误差低于 10 米,计时误差低于 1 ps(皮秒)。

(3) 接近实时定位。该系统所需的定位时间极短,从开机冷启动到捕获到卫星,直至精确定位,最长时间为 30 秒,而每次定位的刷新时间只需 1 秒或 0.5 秒。

(4) 抗干扰能力强。GPS 采用扩频调制技术和相关接受技术,从而使用户接收机系统具有抗干扰能力强、保密性好等特点。

(5) 被动性全天候导航。用户只要装备接收装置就可以接收系统的信号进行导航定位,不要求用户发射任何信号,因而体积小而灵活,这种被动式导航不仅隐蔽性好,而且可以容纳无限的用户。

3. GPS 的基本构成

整个 GPS 由导航卫星、地面控制站和用户接收机三部分组成。

(1) 导航卫星

导航卫星是系统的空间部分,也是 GPS 中最为关键的部分。GPS 按最初计划是由 24 颗卫星组成,这 24 颗卫星分布于 3 个轨道上,每个轨道上均匀地布置着 8 颗卫星。其后,考虑到经费和发射火箭中的问题,曾一度决定用 18 颗卫星分布于 6 个轨道上。现在出于其他一些原因的考虑,GPS 的导航星座由 21 颗卫星和 3 颗备用卫星组成。工作卫星均匀地分布在 6 个相对于赤道夹角为 55°的近圆形轨道上,轨道间的夹角为 60°。轨道的距地平均高度约为 20 000 千米,大约 12 个恒星时(11 小时 58 秒)绕地球一周,这种布局可以保证在全球的任何一点、任何时刻均能收到 4 颗以上的卫星信息。从 1979 年 2 月第一颗 GPS 卫星进入轨道到 1993 年 6 月为止,24 颗卫星都已到位,整个 GPS 系统中的各颗卫星都能在轨道上正常运行。

(2) 地面控制站

GPS 地面控制系统包括 1 个主控站、1 个上行数据注入站和 4 个监控站。地面控制部分的任务是跟踪监测卫星并保证卫星导航数据的质量。主控站设在加利福尼亚州的范登堡空军基地和关岛,遥远的监控站是在主控站直接控制下的无人指导的数据收集中心。每个监控站设有多通道的接收机、若干台环境数据传感器、1 台原子钟和 1 台信息处理计算机。监控站的天线能自动跟踪视野中的所有卫星,并接收来自卫星的各种信息,监控站信息处理机控制所有的数据收集,并与当地的大气条件等数据组合,这些数据首先存于监控站之中,然后需要时再把这些数据传输到主控站,并加以处理。

主控站负责地面控制站网的全面控制,根据各监视站收集来的数据,计算出各卫星的星历表和原子钟误差。

上行注入站每天向每颗卫星发送一次由主控站提供的包括星历数据、环境数据、时间漂移数据、电离层传播延迟修正数据在内的各种数据。所有这些数据均被存入卫星上的存储器中,以更新原来那些相应数据,并形成提供每颗卫星向用户发送的新的导航信息。

(3) 用户接收机

GPS 的用户设备是导航接收机,现已为 GPS 的用户研制出多种类型的接收机,从最简单的单通道便携式接收机到性能完善的 5 通道、6 通道,甚至 7、8、12 通道接收机。不同结构类型的接收机适用于不同的干扰环境条件。一次定位的时间也从几秒到几分钟不等,这取决于接收设备的结构完善程度。

尽管各种类型的接收机结构复杂程度不同,但都必须具有下列基本功能:选择卫星,捕获信号,跟踪和测量导航信号,校正传播效应,计算出导航解,显示及传输定位信息。

用户接收机一般由四大部件组成,即天线、接收机、计算机及输入/输出设备。各种类型的设备结构很相似,包括射频前端、中频的码跟踪和载波跟踪回路。

射频前端由天线、射频放大器、滤波器和频率转换器等组成。其功能有射频放大滤波、频率向下转换、增益控制和本机震荡信号的产生。射频前端还包括支援射频部件的直流偏置和电源电路。

4. GPS 技术在智能交通系统中的应用

在智能交通系统中,一个非常关键的问题就是要自动地、准确地知道车辆当前所在的位置。由于 GPS 有一系列的优良特性,所以智能交通系统中的定位问题通常是采用 GPS 技术解决。但是,目前美国政府为了维护自身的利益,对 GPS 采用了人为降低精度的 SA 技术,使得一般的民用用户只能得到较差的定位服务,精度在 100 米水平,这是不能满足智能交通系统中 AVL 要求的。

解决这个问题的方法之一是采用差分 GPS(DGPS)技术。DGPS 利用基准站 GPS 接收机提供的伪距修正信息,通过通信网络传送给车辆,对车辆上 GPS 伪距观测值进行修正,然后进行定位。DGPS 基准台用于发送伪距离差分数据,它由 DGPS 接收机、差分数据发送控制器、差分数据链发射机等组成。根据覆盖范围的需要,基准台设置在已知其精确的地理位置数据之处;当覆盖范围较大时,应设立多个基准台并构成基准台网。基准台的接收机接收卫星差分数据;差分数据发送控制器除可对此差分数据进行调制送入差分数据链发射机进行播发外,还可根据需要对播发数据模式进行控制。差分数据链是一个传输差分数据的通信网络系统。对车辆高精度定位来说,差分数据可采用 VHF、UHF 发射机播发,也可在调频电视频率的副载波上调制差分数据进行播发。此外,利用近地卫星广播伪距离差分数据可构成覆盖范围大的广域差分系统。车辆上有差分数据链接收机、差分数据接收控制器等设备。由差分数据链接收机收到的差分信号经差分数据接收控制器解调后进入 DGPS 接收机。DGPS 接收机根据收到的卫星信号和差分信号,计算出本车精确的车辆位置。

由于 GPS 技术的不断发展,这项地理信息技术现已广泛应用于军事和民用等众多领域,并且在许多国家,GPS 技术已经开始应用于智能交通系统中。GPS 的时间、位置和速度数据可以应用于交通研究和车辆轨迹的追踪方面。其中速度和加速度是评估车辆和交通状况的重要参数,尤其是在交通拥堵的情况下[1][2]。GPS 系统与其他无线通信技术相结合,可以很好地完成以下几个智能交

---

[1] Taylor MAP, editor Exploring the nature of urban traffic congestion: concepts, parameters, theories and models. Proceedings, 16th Arrb Conference, 9 - 13 November 1992, Perth, Western Australia; Volume 16, Part 5; 1992.

[2] Zito R, D'Este G, Taylor MAP. Global positioning systems in the time domain: How useful a tool for intelligent vehicle-highway systems? [J]. Transportation Research Part C Emerging Technologies. 1995,3(4).

通系统中的服务功能[①]：

（1）交通管理中的紧急事件管理及紧急车辆管理功能

GPS系统之所以能够在ITS系统中获得大范围内的应用，其主要原因就是它准确灵活的定位功能。通过与移动通信技术相结合，紧急事件管理中心可以准确掌握其所属救援车辆的位置并且通过移动通信技术对其进行调度，从而达到快速有效地处理紧急事件的目的。

（2）出行者信息中的路径诱导及导航服务功能

出行者路径诱导及导航服务的核心就是需要实现车辆在路网中的准确定位，而这正是GPS的优势所在。通过GPS系统与电子地图及移动通信技术相结合，可以完成车辆的路径诱导服务功能，包括中心式导航及自主式导航。

（3）运营管理中的车辆监视、调度功能

利用GPS和电子地图可以实时显示出车辆的实际位置，利用这样的功能，各类交通运输公司可以对其所属的车辆进行实时监控和调度，从而达到最优化的资源配置，提高运输效率，并且可以提高运营车辆的安全性等。目前集成GPS的车辆监控系统已经应用于国内多个城市的特殊车辆管理，如运钞车、警用车、救护车、消防车等，取得了良好的应用效果。

二、现代通信技术

智能交通系统主要是利用先进的信息通信技术建立道路、车辆、行人为一体的综合交通运输系统，提高交通运输系统的效率、安全性和可持续性。在将道路、车辆、行人整合的过程中，通信系统起到了关键的作用，通信技术成为构建智能交通系统的基本要素。本节介绍现代的重点通信技术，主要对光纤通信技术[②]、卫星通信技术[③]、专用短程通信技术[④]和4G移动通信技术[⑤][⑥][⑦]进行详细描述。

[①] 史其信，李瑞敏. 智能交通与通信技术[C]//2004海峡两岸智能运输系统学术会议. 2004.
[②] 陆化普，李瑞敏，朱茵. 智能交通系统概论[M]. 中国铁道出版社，2004.
[③] 陆化普，李瑞敏，朱茵. 智能交通系统概论[M]. 中国铁道出版社，2004.
[④] 陆化普，李瑞敏，朱茵. 智能交通系统概论[M]. 中国铁道出版社，2004.
[⑤] 王少华. 4G网络下的智能交通系统[J]. 工程技术：全文版：00297-00297.
[⑥] 吴蓉，陈金鹰. 4G技术与智能交通系统的融合[C]//四川省通信学会2013年学术年会. 2013.
[⑦] 杨伟. 论4G技术与智能交通系统的融合[J]. 通讯世界，2015(23).

(一)光纤通信技术

1. 光纤通信的基本概念

光纤通信是以光波为载频、以光纤为传输媒质的新型通信方式,其应用规模之大、范围之广、涉及学科之多,是以往任何一种通信方式所未有的。光通信采用的载波位于电磁波谱的近红外区,频率非常高($10^{14}\sim10^{15}$ Hz),因而通信容量极大。现在,光纤通信的新技术仍在不断涌现,诸如频分复用系统、光放大器、相干光通信、光孤子通信的发展,预示着光纤通信技术的强大生命力和广阔的应用前景。它将对未来的信息社会发挥巨大的作用,产生深远的影响。

2. 光纤通信的基本构成

光纤通信系统主要由光发射机、光纤和光接收机三个部分组成,电端机是对电信号进行处理的电子设备。在发送端,电端机将欲传送的电信号处理后,送给光发射机,光发射机将电信号转变成光信号,并将光信号耦合进入光纤中,光信号经光纤传输到接收端,由光接收机将接收到的光信号恢复成原来的电信号,再经电端机的处理,将消息送给用户。

光纤通信系统可以分成三种不同的结构,即点对点的传输、光纤分配网及局域网。

利用光纤进行点对点的信息传输是光纤通信系统最简单的一种结构形式,传输距离可以是几公里直到成千上万公里的跨洋传输。当传输距离超过一定值后,需要对光纤的损耗进行补偿,否则信号功率将十分微弱以致不能恢复原有信息,因此对长距离光纤通信系统需采用中继器接力方式。

在许多应用中,不仅要求光纤通信系统能够传输信号,而且能将信号分配给多个用户,例如,市内电话网络、CATV 及宽带综合业务数字网(BISDN)。在光纤分配网中,传输距离一般不长(<50 km),但传输速率很高,对超宽带的BISDN,速率可高达 10 Gb/s,因此诞生了光纤分配网。

光纤局域网络是利用光纤将相对位置较近(<10 km)的许多用户连接起来,每个用户都能随机地通过网络向另一用户发送数据信息,校园网络就是局域网络的一个典型例子。由于网径不长,损耗不成为局域网络的主要问题,在这种网络中采用光纤的主要目的是光纤的巨大带宽潜力和优良的抗恶劣环境的工作能力。

3. 光纤通信的优点及应用

光纤通信一经出现,便得到惊人的发展和广泛地应用,这是与光纤通信的优越性分不开的。光纤通信的主要优点有:

(1) 光纤通信容量大。光纤通信应用的是红外光,其光频为 3×10^{14} Hz 数量级。如语言信号的带宽以 4×10^3 计,则光通信的容量为 $3\times 10^{14}/(4\times 10^3)=$ 750 亿路电话。虽然实际的光纤通信系统尚与此相距甚远,但光纤通信容量之大是毋庸置疑的。

(2) 光纤的传输损耗低,传输通信距离长。光在光纤内的传输损耗很低,随着光纤制造技术的提高,光纤损耗进一步降低,如今光纤最低损耗可低至 0.2 dB/km 以内。由于光纤损耗小,因而中继距离长,这对减少建设投资,减少维护工作量,以及提高通信系统的可靠性等,都带来了好处。

(3) 不受电磁干扰,通信质量高,适合于有强电干扰和电磁辐射的环境中。

(4) 光纤尺寸小,重量轻,便于敷设施工和运输。

(5) 制造光纤的主要原料是 SiO_2,它是地球上蕴藏最丰富的物质,取之不尽,用之不竭。

由于光纤通信具备这些可贵的特点,使其得到广泛的应用和飞速的发展。光纤通信的主要应用领域是公用电信网中,中继网是电话局之间采用的传输网,由于光纤通信容量大、中继距离长等优点,首先在长途干线网和市内中继网得到普遍的应用,如今在公用电信网中普遍使用 140 Mb/s 的四次群光纤通信系统,565 Mb/s 的五次群系统及同步数字系列(SDH)在公用干线网中也得到应用。在信息高速公路的发展中光纤通信系统将成为其主要的高速网络。

除了公用电信网络外,在各种特殊场合的专用通信网中,光纤通信充分发挥其特点,得到越来越多的应用。例如在计算机局域网中,光纤通信因其通信容量大、不受电磁干扰等优势,将会得到越来越多的应用。迅速发展的有线电视干线网也愈来愈多地采用光纤传输系统。光纤通信在电力、油田、化工、铁路、矿山、军事等部门都有广泛应用。在飞机、舰船中,由于光纤尺寸小、重量轻,采用光纤传输系统具有特殊重要意义。

(二) 卫星通信技术

1. 卫星通信技术的基本概念

卫星通信是指利用人造地球卫星作为中继站来转发或反射无线电波,在两个或多个地球站之间进行的通信。这里地球站是指设在地球表面(包括地面、海洋和低层大气中)上的无线电通信站。而用于实现通信目的的这种人造地球卫星称为通信卫星。卫星通信是宇宙通信形式之一。

通常,以宇宙飞行体或通信转发体为对象的无线电通信称为宇宙通信。它包括三种形式：① 地球站与宇宙站之间的通信；② 宇宙站之间的通信；③ 通过宇宙站的转发或反射进行的地球站之间的通信。卫星通信是宇宙通信的第三种形式。

我们知道,微波频段的信号是直线传输的,既不能像中长波那样可以靠衍射传播,也不能像短波那样可以靠电离层的反射传播。通信卫星相当于离地面很高的中继站。当卫星运行轨道较高时,相距较远的两个地球站便可"看"到卫星,卫星可将一个地球站发出的信号进行放大、频率变换和其他处理,再转发给另一个地球站。

当卫星的运行轨道为圆形且在赤道平面上,卫星离地面35 786.5千米,其运行方向与地球自转方向相同,其公转周期与地球自转周期相等,则从地面任何一点看去,卫星是"静止"不动的,这种对地静止的同步卫星称为静止卫星。这种用静止卫星作为中继站的通信系统,称为静止卫星通信系统。

若以120°的等间隔在静止轨道上配置三颗卫星,则在地球表面除了两极地区未被卫星波束覆盖外,其他地区均在覆盖范围内,而且其中一部分地区还是两个静止卫星天线波束覆盖的重叠区域,借助于重叠区域内地球站的中继,便可实现在不同卫星覆盖区的地球站间的通信。这样,利用三颗等间隔配置的静止卫星就可以实现全球通信。

2. 卫星通信系统的构成

卫星通信系统由空间分系统、通信地球站、遥测跟踪及指令分系统和监控管理分系统四大部分组成。其中遥测跟踪及指令分系统对卫星进行跟踪测量,在卫星发射时,控制其准确进入静止轨道上的指定位置,并定期对卫星进行轨道位置的修正和卫星姿态的调整。监控管理分系统的任务是对在轨卫星业务开通前后进行通信性能的监测和控制,例如对卫星转发器功率、卫星天线增益以及各地球站发射的功率、射频频率和带宽等基本参数进行监控,以保证正常通信。空间分系统主要指通信卫星,普通的通信业务是在通信卫星和通信地球站之间完成的,由发端地球站、上行传输路径、通信卫星转发器、下行传输路径和收端地球站组成。

3. 卫星通信系统的特点以及应用

卫星通信作为现代化的通信手段之一，在无线电通信的历史上写下了崭新的一页，与其他通信方式相比，卫星通信具有以下特点：

(1) 通信距离远，且费用与通信距离无关。利用静止卫星最大的通信距离可达 18 000 千米左右，在卫星的可视范围内的地球站与卫星之间的信号传输满足技术要求，通信质量便有了保证，地球站的建设成本不因通信站之间距离远近、两站之间地面上的自然条件恶劣程度而变化。显然在远距离通信上，卫星通信比微波接力、电缆、光纤、短波通信有明显的优势。

(2) 覆盖面积大，且便于实现多址联接。通信卫星可视区可达全球表面积的 42.4%，在这个大面积覆盖区域内，卫星以广播方式工作，而不是"点对点"通信，所有地球站可共用一颗卫星实现站与站间的双边或多边通信，卫星通信的这种能同时实现多方向、多地点通信的能力，称为"多址联接"。这个特点是卫星通信系统突出的优点，它为卫星通信网络的组成提供了高效率和灵活性。

(3) 通信频带宽，传输容量大，能传输的业务类型多。通信卫星的射频采用 300 MHz 以上的微波频段，可供使用的频带很宽，加上大功率卫星技术的发展和新体制、新技术的不断更新，卫星通信容量越来越大，传输业务类型越来越多样化。

(4) 机动灵活。卫星通信不仅能用于大型固定地球站之间的远距离子线通信，而且可以在车载、船载、机载等移动地球站间进行通信，甚至还可以为个人终端提供通信服务。

(5) 通信线路稳定可靠，传输质量高。卫星通信的电波主要在大气层以外的宇宙空间中传输，而宇宙空间接近真空状态，可看作是均匀介质，电磁波传播特性比较稳定。同时，它不易受到自然条件和人为干扰的影响，因而传输质量高。

由于卫星通信具有上述这些突出的优点，多年来得到了迅速的发展，应用范围极其广泛，不仅用于传输电话、电报、传真、数据等，而且特别适用于民用广播电视节目的传送。

(三) 专用短程通信技术

专用短程通信技术（Dedicated Short Range Communication system,

DSRC)采用无线通信技术,由车载单元(On Board Unit,OBU)、路旁单元(RoadSide Unit,RSU)、专用短程通信协议以及后台计算机网络组成,在智能交通系统中实现路、车之间信息传输、交互的通信系统。

车载单元主要由车载机和电子标签组成,电子标签中存储了该车的有关信息,如车号车型、所有者等。路旁单元又称为车道单元、车道设备,主要是车道通信设备——读写器,包括车道天线和天线控制器。专用短程通信系统主要是利用专用短程通信技术,通过路旁单元的信号发射和接收装置识别通过车辆的相关信息,自动对车辆进行身份鉴别、实时监控、动态引导等智能化管理,完成车辆相关信息的动态采集工作。

专用短程通信协议是专用短程通信技术的基础,目前欧洲和日本、美国等都建立起了自己的专用短程通信技术标准。相对于开放系统互联体系(OSI)七层协议模型而言,专用短程通信规范一般按物理层、数据链路层和应用层三个层次制定。

物理层(physical layer):规定了无线通信标准,包括载波频率、上下行数字编码方式、信号调制方式等。其中载波频率是一个关键参数,它造成了目前世界上微波专用短程通信协议及专用短程通信系统的主要差别,就目前发展趋势而言,基于 5.8 GHz 的微波通信将成为未来 DSRC 的唯一标准。

数据链路层(data link layer):定义数据链路通信协议,制定了介质访问和逻辑链路控制方法。定义了进入共享物理介质、寻址和出错控制的操作。

应用层(application layer):提供了一些专用短程通信应用的基础性工具。应用层中的过程可以直接使用这些工具,例如通信初始化过程数据传送和擦去操作等等。另外,应用层还提供了支持同时多请求的功能。

(四) 4G 移动通信技术

移动通信一般是指移动体与固定地点,或者移动体相互间通过有线和无线信道进行的通信。移动通信受空间限制少,实时性好,在当今信息时代,在高效率的生产和活动中,移动通信为人们更有效地利用时间提供了可能,这是它近期迅速发展的原因之一。随着移动网络的发展,移动网络在各个智能化系统中的运用更加娴熟及准确。移动网络技术在智能交通系统的运用不仅体现了信息化系统的多元化发展,更加有效地为智能交通系统的发展提供了新的发展思路。

从 2G 网络到 3G 网络,以至于发展至今的 4G 网络,无疑为智能交通系统提供了更多的可能,使智能交通真正的服务社会,做出更大的贡献。

1. 4G 技术的基本概念

从第一代的模拟移动通信到第三代多媒体移动通信,移动通信技术已经经历了三个发展阶段。但是 3G 通信已经无法满足用户日益增长的需求,用户对通信质量、多媒体服务、高速接入互联网等要求越来越高,第四代通信技术也就应运而生了。第四代通信系统简称为 4G,国际信联盟将 4G 技术命名为 IMT-Advanced,并将 LTE-Advanced 和 Wireless MAN-Advanced(802.16 m)技术规范确立为 4G 的国际标准,中国主导定制的 TD-LTE-Advanced 被国际电信联盟确定为 4G 国际标准。

2. 4G 通信的网络结构

构建 4G 网络的目的是实现各种不同无线通信技术的无缝融合并且支持高速率通信环境,完成数据、图片、语音、视频等高质量的传输。4G 移动系统网络结构可分为物理网络层、中间环境层、应用网络层三层。提供接入和路由选择功能的叫物理网络层,它们由无线和核心网的结合完成。中间环境层的主要功能包括地址变换、安全性管理等。物理网络层与中间环境层之间存在相关接口,且所有接口都是开放的。各种类型的接入网通过多媒体接入系统接入 IP 核心网,形成一个公共、灵活、可扩展的平台。图 2-24 所示为 4G 网络的结构体系。

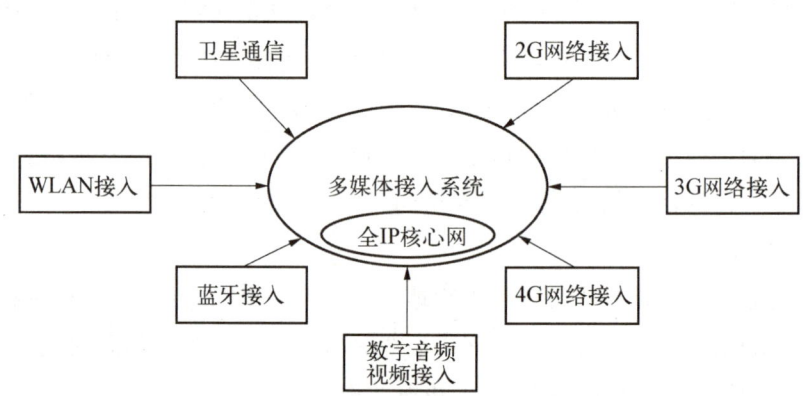

图 2-24　4G 通信的网络结构体系

3. 4G 网络下的智能交通系统

(1)交通视频服务。智能交通指的是在完善的基础设施中,有效地结合先进的信息技术、数据通信以及计算机的处理技术,将电子传感、电子控制等技术有效组合,运用交通运输系统,全天候地大范围发挥作用,建立高效实施的管理方面的系统。为解决社会增加的需求与道路资源的矛盾,将有限的道路资源充分利用,方便人们的随时出行,保障出行安全。智能交通系统作为传感与技术控制的产物,为人们带来了诸多便捷服务。

(2) 个性化的可视电话。4G 的可视化服务将智能交通直接融入咨询系统,用户以视频呼叫听到系统声音,也可以看到对方的面容,以这种方式向用户提供优质服务,这能够提高网络中的服务水平与质量。4G 网络技术为用户提供了高速网络,让人们体验可视化电话的方便。公交公司可根据每日站台的人流量安排公交车的发车时间与发车速度,在公交车司机及时调整发车速度时用户亦可以根据站台之间的距离选择出最佳的出行车辆。移动系统还可以及时地提供车辆的违章、违纪行为并汇总给交通部门,将其他视频提供给安全部门与公安部门作为证据。

(3) 移动定位服务。4G 还拥有移动定位的技术,比较准确定位用户位置,4G 的网络系统密度大于 3G 的系统,能够准确提高定位的精准度。用户以 4G 定位准确手机某些时间段,某些地点的车流人流情况,使得人们及时了解某些时段的交通,这为用户提供周边情况。比如某些路段出现交通状况,网络系统就会及时地提醒司机前方有状况,需减速慢行,注意安全,尽量避免类似事故,保障用户的安全。

第五节 合作式智能交通系统

一、合作式智能交通系统基本概念

合作式智能交通系统(Cooperative Intelligent Transport Systems, C-ITS)在欧盟授权法案 M/253 的定义是基于车和车(V2V)、车和基础设施(V2I)、基础设施和基础设施之间通信实现信息交互的 ITS 系统,能够有效提高 ITS 服务和应用效益。这个系统以专用短程通信(DSRC)、汽车电控系统和车载信息终端为依托,结合其他商用移动通信系统,实现汽车与汽车之间、汽车与基础设施之间的"对话"。例如在高速公路上,前方路况可以实时传到后方的每一辆车上;在交叉路口,除了与路侧的信号控制系统交换信息之外,更重要的是车辆之间相互知道对方的行驶方向和速度,能够避免车辆碰撞;当驾车者要变换车道时,车辆会"查看"周边车辆的状况,驾车者的操作也会实时传送到周围的车辆,车辆能够自动判断变换车道是否安全并给出提示;当驾车者做出不安全的操作时,车辆可以通过电控系统制止。这一以汽车为中心的新系统和新应用,成为当前国际智能交通系统发展的新热点。

通过主要发达国家智能交通系统应用状况和发展趋势来看,智能交通系统正在由单个方向的智能化应用系统(如导航、安全辅助驾驶、智能信号控制系统)向更高层次的合作系统(cooperative system)演进,为此欧洲和美国、日本逐步将其历年开发和应用的各种智能交通系统集成在合作系统下,并开始在产业和标准方面进行协调。近年来国际上先进的智能交通国家和区域纷纷制定相关的政策和发展计划进行合作式智能交通系统的研究和试验,并已经逐步进入实际部署应用阶段[①]。

根据美国政府和欧盟发布的报告,合作式智能交通是在前面各种智能交通系统技术开发和应用基础上,依托下一代通信技术将车与路、车与车、车与其他机构和人连接起来,实现安全、可靠和绿色的交通。当前的开发重点是人机交互、标准、互操作和评估工具。

在政府间开展合作研究的同时,发达国家的企业界同样积极进入合作式智能交通的开发,而且更把其扩大到基于新一代移动通信的交通服务,其概念是人通过移动终端成为整个交通系统可控的一个组成部分,交通信息成为系统的控制指令,在宏观上总有相当一部分人会根据交通信息改变行为,如改变路线、改变所乘交通工具、改变出行时间等,因此合作式智能交通就可以将自行车和公共交通乘客均纳入系统,从而成为提升综合交通系统效率和安全的重要手段。所以合作式智能交通系统已经成为智能交通系统发展的重要方向之一[②]。

二、国外合作式智能交通系统的发展

依托不断发展的通信技术,2008~2009年,国际智能交通界将多年的研究积累进行了梳理和重新组织。欧洲提出了合作式智能交通系统的概念;美国在

---

① 王笑京. 智能交通系统演进与我国未来发展趋势分析[J]. 交通运输部管理干部学院学报, 2013(2).
② 王笑京. 智能交通系统演进与我国未来发展趋势分析[J]. 交通运输部管理干部学院学报, 2013(2).

公布2010～2014年智能交通战略行动计划"IntelliDrive"中将之称为Connected Vehicle;日本将已经开发的智能道路系统(smartway)改称为ITS-Spot,并开展了VICS、ETC等合作系统项目,在全国范围内开展了大规模的基于车路合作系统部署应用。2009年,欧洲和美国签订的政府间备忘录将之正式定名为合作式智能交通系统(C-ITS),随后日本也宣布加入欧美的合作,2013年上半年,韩国也完成了与欧洲和美、日的政府间合作协议,正式加入合作式智能交通系统的开发[1]。

欧洲对合作式智能交通系统的发展非常重视,启动资助多个大型合作式智能交通系统研究项目和相关标准的制定计划,2008年发布的智能交通系统行动计划中将合作式智能交通系统列为ITS发展的重要阶段并给出具体的时间表,2009年欧盟通过M/253授权法案推动合作式智能交通系统标准的制订,2015年合作式智能交通系统正式部署应用。与美国和日本不同的是,欧洲存在国家多、各国交通发展状况和标准不统一等情况,因此欧洲在合作式智能交通系统的发展中注重政策计划支持、标准制定和社会的广泛参与。本节重点介绍欧洲的合作式智能交通系统发展历程,也便于为我国合作式智能交通系统的发展提供参考。

欧盟运输政策白皮书提出了欧洲智能交通实现目标是建立竞争和资源有效的交通系统。到2020年,将实现欧盟交通运输的智能型发展、可持续发展和包容性发展,排放同比2008年减少20%,2020年伤亡率降低一半,到2050年减少60%。合作式智能交通系统将为实现这一目标发挥重要的作用。

2004年,欧盟信息总局的信息通信技术与运输和环境组织的会议,来自运输及通信领域的专家就在合作电信系统领域提高道路运输的安全和管理方面要实现的目标和发展优先级进行讨论。这次讨论为2005～2006年第六框架计划的道路运输发展项目信息社会技术工作计划的发展奠定了基础。与会专家一致认为,合作式智能交通系统是道路运营者、基础设施、车辆、驾驶人员和其他道路使用者互相合作以实现高效、安全、隐私保护和舒适的出行环境。车—车和车—路合作系统将对实现这些目标起到重要作用。

---

[1] Höfs W, Lappin J, Schagrin M, Cronin B, Resendes R, Hess S, et al. International Deployment of Cooperative Intelligent Transportation Systems — Bilateral Efforts of the European Commission and United States Department of Transportation[J]. Research Management,2012.

2008年12月，欧盟发布欧洲实施智能交通系统行动计划，该计划是一个重要的智能交通系统发展政策指导性文件。计划包括六个优先行动领域及实施阶段，其中行动计划4.2把合作式智能交通系统作为智能交通发展中重要的阶段进行了规定，即在2011年到2013年对合作式智能交通系统的研发进行评估，并对合作系统的部署应用策略进行评估。欧盟和民间共同资助了一批由众多国家、政府部门、企业、研究机构等参与的大型合作系统项目，如cvis、safespot和coopers。对合作系统的相关技术进行研发、应用试验及标准应用验证，为未来合作式智能交通系统的顺利实际部署和应用进行了充分的准备。目前这些合作式智能交通系统项目陆续结束，已经证明了合作式智能交通系统的实用性和适用性。

2012年10月在维也纳举行的智能交通系统世界大会上，包括大众、奥迪、宝马等在内的12个主要汽车制造商共同签署的合作系统部署备忘录正式发布，备忘录的目标是在2015年正式生产出支持合作式智能交通系统的车辆，车辆安装有车车通信和安全辅助驾驶终端。这个部署计划迅速得到了包括来自道路运营管理方、众多技术支持公司、标准化组织、设备集成商的积极响应。由道路运营方、道路管理方、城市运输管理和车车通信联盟等利益相关方组成的阿姆斯特丹组织（Amsterdam Group）正在按照合作式智能交通系统部署应用的要求进行工作。作为覆盖大型泛欧公路网的一体化智能交通系统基础设施项目，EasyWay也在积极参与合作式智能交通系统的部署准备，EasyWay已经从运营商的角度定义了合作式智能交通系统应用集的优先级。维也纳世界ITS大会期间有多达72个来自产业、技术研发、道路运营等的参与者进行了合作式智能交通系统的现场展示，充分证明了产业对部署合作系统的信心。

三、我国合作式智能交通系统发展及标准建议

当前国内典型的车路合作系统主要有基于5.8 GHz DSRC技术的电子不停车收费（ETC）系统，ETC系统目前正在全国范围内迅速推进，但ETC的功能仅限于收费应用，还没有实现合作系统的其他的采集、服务和安全应用功能。在一些研究项目中进行了一些针对安全方面的合作式智能交通系统初步试验和尝试[1]。从欧

---

① 王东柱，宋向辉，朱书善，谌仪，蔡胜昔. 基于车路协同的高速公路合流区安全预警控制方法[J]. 公路交通科技，2012(S1).

洲、美国和日本合作系统发展的经验来看,制定合作式智能交通系统发展政策及发展计划、资助项目的开展、推动标准的制定、政府和民间广泛的参与是合作式智能交通系统顺利开展的重要前提条件。而我国合作式智能交通系统的发展还没有一个明确规划,参与的广泛性也不够。目前国内合作式智能交通系统的发展正逐渐得到重视,全国智能交通标准委员会已经开始进行合作式智能交通系统相关标准的研究和制定工作,这将为未来合作式智能交通系统的发展奠定一个良好的基础。

标准是智能交通系统产品在全国或者全球范围内兼容的基本保障,有利于在局部和更大范围内建立更加可靠、稳定的合作式智能交通系统。通过对欧洲及其他国家合作式智能交通系统标准的分析,我国在合作式智能交通系统标准制定方面应考虑下面问题[①]。

（一）为交通安全应用划分独立、专用的频段

由于交通安全对实时性和可靠性要求非常高,为安全应用单独划定专用的频段是国际智能交通先进国家普遍采用的方式。除了欧洲单独划定安全应用的专用频段外,美国在 5.9 GHz 频段上划分独立、专用的合作系统频段。日本虽然将 5.8 GHz 同一频段同时用于收费和车路合作式信息服务应用,但对于车辆主动安全避碰方面,日本专门为 700 MHz DSRC 划定了安全应用频段。因此我国的合作系统频段应该考虑在 ETC 频段以外,划定专门的合作系统频段,特别是安全应用频段,来满足交通安全对通信实时性和可靠性的要求。

（二）合作系统频段定义与国际合作

合作式智能交通系统标准的统一是大势所趋。除了频段内部定义内容不同,美国 802.11p、欧洲 ITS 5G 和 lSO CALM M5 均采用了基本相似的合作系统频段位置和范围。这为合作式智能交通系统全球标准的统一创造了条件。2009 年,欧洲和美国交通部就 C-ITS 签署了合作协议,随着美欧合作的展开,很快将实现同一车载设备,支持欧美两种合作式智能交通系统的车载终端。日本在智能交通标准制定上一直走自主发展的道路。日本虽然在 2010 年和美国签订了合作系统合作协议,但日本的 C-ITS 标准和欧美相比差别较大,实现标准统一有一定的难度。我国应该根据自身的特点,考虑具体的市场和产品条件,发展

---

① 王东柱,杨琪. 欧洲合作智能交通系统发展现状及相关标准分析[J]. 公路交通科技,2013,30(9).

与之相适应的合作式智能交通系统标准。

(三)重视标准的应用场景设计

欧洲对标准的应用场景设计非常重视,首先在明确合作式智能交通系统应用场景、功能、系统要求,确定应用集、标准及内容。因此根据我国交通的特点,设计符合我国情况的应用场景、明确功能需求,才能够使合作式智能交通系统标准更加满足实际交通应用的需要。

我国合作式智能交通系统的发展刚刚起步,借鉴欧洲智能交通的发展经验、跟踪欧洲的合作式智能交通系统技术和标准对我国合作式智能交通系统的发展会起到较大的推动作用。

第三章
智能交通发展现状及未来趋势

近年来,无论是发达国家还是发展中国家,由于土地资源日益紧张,用来修建道路的空间越来越少。与此同时,交通在快速发展过程中带来的负效应日益显现,因此解决这些交通问题、降低经济损失、提高交通运营的效率与安全就成了发达国家最先研究智能交通系统的主要动机。用高新技术改造传统产业,提高交通运输整体效率和水平,已经成为各国共识。

第一节　国外智能交通系统发展现状

一、总体情况

进入 21 世纪以来,世界主要先进国家进入全面实施智能交通系统的阶段,十分强调智能交通系统在现实交通服务中的重要作用。

智能交通系统的研究开发出现了两个方面的扩展:第一,智能交通系统开始主要是为解决道路交通中的技术问题而提出的,后来逐渐发展为涉及规划、决策、设计、实施和运营管理等各个方面,甚至影响到交通管理部门的职能转换、机构重组和运作方式的改变,今后可能需要重新设立交通运输项目的优先开发机制,需要重新调整对交通运输专业技术人员的教育、培训和使用方式,需要改变交通规划的模式,甚至需要重新组合交通设施规划、管理和执法的区域。第二,智能交通系统的思想逐步被应用到道路交通以外的多种交通方式,智能化研究不仅仅局限于车辆和道路,而是以推进整个交通系统智能化为目标。综合智能交通系统的概念逐步形成,成为实现各种方式的地面交通以及与之相关的空际和海洋交通一体化的重要手段。

二、欧洲和美国、日本等代表性国家智能交通系统发展概况

（一）欧洲

欧洲最早的智能交通系统项目是20世纪70年代初期进行的科技研究领域的合作项目COST30（Cooperation in the field of Scientific and Technical Research）。1986年，欧洲19国政府和企业界在法国总统密特朗的提议下，开始了一项名为"尤里卡"（Eureka）的联合研究计划，其中PROMETHEUS子项目是最高效能和空前安全的欧洲交通计划，提出了安全、经济、效率、便利和环境保护五个发展目标，此子项目耗资8亿美元，1987年10月进入研发阶段，历时8年。"自动道路和驾驶系统"耗资1.5亿美元，历时7年。"跨欧道路交通系统"耗资270万美元。强调国际（主要是洲际）合作和标准化、强调综合运输系统智能化是欧洲智能交通系统发展的主要特点[①]。

（二）美国

2001年，美国在TEA-21的框架下，由美国运输部和美国智能交通协会（ITS America）联合编制了"美国国家智能交通系统10年发展规划"。这一规划对新世纪美国交通运输业的发展产生了深远的影响。

1. 发展方向

美国智能交通系统在已有成就基础上，确定今后10年国家智能交通系统发展方向和目标以及为实现智能交通系统的发展目标所必须采取的行动。

未来智能交通系统的两大发展主题：

（1）项目发展主题（programmatic themes）指明了今后新技术开发与应用的重点领域，主要有：

第一，建立一个全国性的、整体化的交通运输信息网络，使公众出行更加方便、更加省时、更加经济，提高货运效率，更有效地完成货物运输任务。

第二，开发先进的车辆防撞技术，大量减少撞车交通事故，将交通安全和运输效率提高到史无前例的水平。

第三，开发交通事故自动检测、通报和应变技术，使救护人员尽快到达事故

---

① 文孟飞. 城市智能交通系统控制与诱导的理论与实践[M]. 中南大学出版社，2015.

现场,争取救护伤员、拯救生命的宝贵时间。

第四,进一步研发先进的交通管理技术,智能、自适应地管理各种地面交通,区域性交通网络应当在超越地区界限和运输方式的前提下,无间隙地整合起来,实现一体化的运行目标。先进的交通管理系统还应在保障交通安全、防止交通事故、提供事故救援和快速恢复事故现场的交通秩序等方面发挥其功能。

(2) 辅助发展主题(enabling themes)旨在解决一系列非纯技术性方面(如社会、机构和政策等)的有关问题,包括以下内容:

第一,促进交通行业运行机制的转变,未来10年智能交通系统项目将更加重视系统对用户的优质服务和系统性能的优化,交通行业的运行机制朝着向用户提供优质服务的方向转变,通过系统管理来提高车辆——设施的整体性能。

第二,明确政府有关公共机构的作用、关系和投资机制,形成适应于智能交通系统发展与建设的、新的地区性机构及其共同协作关系,支持地区间整体化、多方式交通运输系统的运作和服务。

第三,将智能交通系统发展与建设纳入各级政府的基本投资计划程序之中,创建新型投资机制。

第四,发挥私营企业界的作用,开辟资金来源,在政府各级机构和私营企业界之间建立健康的互惠关系。

第五,重视基于驾驶行为的人的因素研究,深入理解出行者的出行行为和驾驶行为等人的因素是实现智能交通系统各种潜在效益的重要保证。

2. 实施重点

在以上规划的原则下,国会要求运输部的 TEA-21 执行期间(1998~2002年)将开发和应用集中在两个方面:

(1) 实施和集成智能基础设施(ITI),要求在2003年底实现:

① 大都市区智能交通系统设施:交通管理、信息服务、公交服务;

② 商用车智能交通系统设施:商用车信息系统与网络(CVISN);

③ 农村公路智能交通系统设施:天气信息、冬季交通、农村交通。

(2) 试验和评估智能车辆,支持在未来5~20年内有应用趋势的先进技术的研究、开发和试验,重点在安全和安保服务(safety and security)以及辅助驾驶和车内控制系统。

3. 实施效果

根据美国政府智能交通系统效益评估报告,各系统的实施效果为:

(1) 干线管理系统:延误减少5%~42%。

(2) 高速公路管理系统:减少碰撞21%,使高速公路范围的交通量增加10%,出行时间减少22%,节约燃料2%~55%。

(3) 公共交通管理系统:基于GPS的自动车辆定位系统在地区运输区域的调度人员、经营商使用群体中的适应性很好,调度员能更快速与有效率地沟通公共交通信息。大约80%的调度员发现系统"容易"或"非常容易"使用,约50%的经营商和街道管理人员也有同样感觉,系统已减少乘客迟到21%。

(4) 事故管理系统:系统缩短平均事故持续时间在1999年为55%,2000年为57%。

(5) 电子支付系统:在加利福尼亚州文图拉对智能卡电子支付系统的评估指出,每年减少逃避收费潜在节约950万美元,减少数据收集费用500万美元,消除转账过失99万美元。

(6) 出行者信息:多于99%的被调查者说他们受惠于避开交通流、节约时间、减少失望以及按时到达目的地;81%的被调查者说他们已将这项服务推荐给其他人。

(7) 道路气象管理:当与天气有关的警示张贴在动态消息信号板上时,车辆速度明显降低。在大风雪覆盖路面期间显示警示消息时,车辆速度下降35%,而与之相比在没有动态消息信号时只下降9%。

(8) 商用车辆运营:电子提供资格证书减少纸面工作并节约提供证书的费用60%~75%。

(9) 碰撞警示系统:国家公路交通安全管理局建模研究显示,碰撞警示系统将在51%的碰撞情况中有效。

(10) 司机援助系统:在一年期间,出行者使用车载导航装置能减少延误8.1%,减少碰撞率4.6%,并减少燃料消耗3%[①]。

(三) 日本

日本认为智能交通的发展与人民生活水平的提高有着密切关系,为此提出

---

① 王笑京,沈鸿飞,马林,等. 中国智能交通系统发展战略[M]. 人民交通出版社,2006.

21世纪智能交通系统发展的四个阶段:

第一阶段:2000年前后,智能交通系统的初始发展阶段。在此阶段,交通信息主要提供给已经运行的道路交通信息通信系统(Vehicle Information and Communication System,VICS)和相关系统,交通堵塞信息和最佳路线信息将提供给车载导航系统,使驾驶员能够减少出行时间并提高旅行的舒适性。在本阶段的后半段,通过使用电子收费系统,达到减少收费站拥堵的目的。

第二阶段:2005年前后,通过逐步引入用户服务的思想开始交通系统革命,智能交通系统将有关目的地的服务信息和公共交通信息直接提供给用户。在此阶段,通过驾驶员安全驾驶系统和行人安全保护系统来减少交通事故的发生;另外,公共交通的舒适性和便利性也将得到极大提高。

第三阶段:2010年前后,智能交通系统将被推进到一个更高水平,基础设施、车载装置、法律和社会系统将促使智能交通系统成为一个稳固的社会系统。智能交通系统的作用将是全国性的,通过对智能交通系统更多更高级功能的认识,自动驾驶将全方位地发挥作用,汽车将成为一个安全和舒适的处所。

第四阶段:2010年之后,智能交通系统的所有系统都已经投入使用,智能交通系统已经进入到了一个成熟时期。由于智能交通系统布设的大量光纤网和建立的各个服务系统,整个社会将进入到高度信息和通信的时代;自动驾驶的需求在此阶段将会大大增加。智能交通系统作为一个基本系统将会被整个社会所接受,尽管交通量不断增加,但交通事故将极大地减少。道路已经不再拥堵,道路环境与整个地球环境更加和谐。

目前,日本的智能交通系统主要应用在交通信息提供、电子收费、公共交通、商业车辆管理以及紧急车辆优先等方面。目前在日本已有超过1 800万人的汽车导航系统用户。

三、国外智能交通的发展

在过去的几年,日本和欧洲不约而同地提出了"第二代ITS"的概念。首先,2005年日本明确提出ITS进入第二阶段,其核心为"实现智能型移动信息社会",通过驾驶员安全驾驶系统和行人安全保护系统来减少交通事故,提高公共交通的舒适性和便利性。其次,通过分析欧洲和美国、日本等发达国家和地区下一阶段智能交通系统发展计划,发现其发展方向具有以下共同特点。

（一）交通信息采集、处理和发布技术将快速发展

交通信息服务带动了采集、处理、发布等技术手段的发展，主要体现在以下两个方面：

首先，各种信息采集技术的发展，为交通信息技术和设备的进步提供了基础，因此今后一段时间在视频、电磁波（包括红外和激光）、压力和电磁感应等技术方向，将出现更多的实用性强的信息采集设备。同时定位技术、车辆自动识别（Automatic Vehicle Identification，AVI）技术和通信技术的发展，将使浮动车技术得到更快发展。

其次，信息技术的进步和成本的降低，使得交通信息处理能力成倍增加，为智能交通系统带数据的综合应用提供了基础。但是经处理的交通信息必须以适当方式提供给交通参与者，因此开发成本低、使用经济的交通信息发布技术和设备将是各国智能交通系统建设的重要内容。

（二）综合交通信息平台为出行服务

日本提出要在开放平台的基础上，开发共用软件、面向多应用的车载单元、公用硬件设施，从而建成智能交通系统共用基础设施。这种想法与我国交通综合信息平台的提法有异曲同工之妙。

（三）交通安全和社会公共安全成为关注的焦点

安全是现今社会的一大焦点问题，目前发达国家对于安远的重视甚至超过了对交通效率的关注，也是近几年国际智能交通系统界的新热点，各国（地区）政府都对交通安全提出了一定的目标。为实现这些目标，除了在基础设施、法律和教育等方面采取措施外智能交通技术的开发和应用是重要手段，其中包括：

1. 欧洲道路安全行动计划（eSafety）

eSafety的概念由欧洲ITS组织欧洲智能交通协会（ERTICO）最先提出，主要内容是充分利用先进的信息与通信技术（Information and Communication Technology，ICT），加快安全系统研发与集成应用，为道路交通提供全面的安全解决方案。除自主式的车载安全装置外，还须考虑车路协调合作方式，即通过车车以及车路通信技术获取道路环境信息，从而更有效地评估潜在危险并优化车载安全系统的功能。

2. 美国的智能车辆推进计划（Intelligent Vehicle Initiative，IVI）

该计划以Human Factors为基础，防止驾驶员分神，促进碰撞防止系统的

研发应用。

3. 车载辅助驾驶系统日益完善和实用化

各汽车生产商及零部件提供商纷纷推出自己的最新技术产品，针对交通安全问题的车载辅助驾驶系统日益完善和实用化。

（四）车载系统与道路设施的协调配合受到重视

1. 美国的车路整合（Vehicle-Infrastructure Integration，VII）

由美国联邦公路局、AASHTC、各州运输部、汽车工业联盟、ITS America 等组成的特殊联合机构，致力于通过信息与通信技术实现汽车与道路设施的集成，并以道路设施为基础，推出可以实施的产品。各州将采用统一的实施模式，采用 Probe vehicle 获取实时交通数据信息，支持动态的路径规划与诱导，提高安全和效率。

2. 美国的协作式自动车路系统（Cooperative Vehicle-Highway Automation Systems，CVHAS）

协作式自动车路系统是一个以美国加州为首的 11 个州和本田技研公司等参加的合作基金组织，这 11 个州代表着美国人口的 35%。其目标是提供驾驶的辅助控制或全自动控制；信息获取方式：车载传感器；车路或车车间通信。近期的研究重点在公交捷运（Bus Rapid Transit，BRT）自动化以及交叉路口安全支持。

（五）积极研究创建了基于信息共享平台和互操作技术的铁路综合信息集成系统

（1）欧洲 21 世纪干线铁路总体解决方案：欧洲铁路运输管理系统 ERTMS。

（2）北美的先进列车控制系统 ATCS 和先进铁路电子系统 ARES。

（3）日本新干线的列车运营管理系统 COMTRAC 和 COSMOS 及新一代列车控制系统 ATACS 等。

第二节　我国智能交通系统发展现状

一、总体情况

经过近 20 年的发展，我国的智能交通系统已经从概念进入应用试验阶段。

以道路运输为主的智能交通系统研究和建设应用,在改善城市交通状况、解决城市交通拥堵问题、提高城间道路管理水平等方面发挥了一定作用,智能交通技术已经成为解决交通问题的重要技术手段之一。特别是国家"十五"科技攻关计划项目"智能交通系统关键技术开发和示范工程"的全面实施,促进了我国智能交通系统从技术研究到工程示范应用的全国开展,智能交通系统建设已经成为地方交通工作的重点内容之一。

二、北上广等一线城市智能交通系统发展情况

在智能交通应用开发过程中,以城市、城间道路运输为主要实施对象,各地方政府开展了以智能化交通指挥、调度与管理系统,智能公交调度,综合信息平台为主要内容的示范工程建设,取得了一定的成效。

北京市公安交通管理局在示范工程建设中,除国家攻关拨款400万元以外,配套建设经费达5.5亿元。经过近三年的建设,目前已建成了较为完善的智能化道路信号控制、信息采集与发布、停车诱导等主要系统,实现了非现场执法、多种方式的实时动态信息发布、全市1 200余处路口交通信息配对集中优化,使干线沿线的平均停车次数减少了15%~20%;平均旅行时间减少了10%~15%,其中计算机实时优化方式的协调控制是目前国际上先进的信号控制技术。

上海市智能交通系统示范工程——延安高架路交通监控系统试开通以来,已经发挥了明显作用,延安高架道路西向东主线的交通状况明显好转。在保持流量不变的情况下,道路服务水平有很大程度提高,断面畅通时段的增幅平均达20%,延安东路段的堵塞时段减少近20%;行车速度有显著提高,断面平均车速提高了近20%。

广州市完成了综合信息平台的建设工作,将多种运输方式的数据集中在一个平台上建设和应用,首次实现了我国客、货运输的"大通关"服务。目前该平台在广州处于试运行状态,基本稳定可靠运行,能够初步实现公交车、出租车等交通数据的收集、融合与处理,道路拥堵趋势分析、公交线路行车速度分析、线路优选、行车诱导、客运票务查询等信息服务功能。

三、智能交通产业化情况

由于目前我国智能交通系统的发展阶段的特点,使得中国智能交通市场前

景不十分明晰,在具有地域和文化背景的交通信息服务领域还未形成市场和有效的价值链,而承担交通机电工程的系统集成商在项目中大量购买进口产品,使得原定的整体产业化目标并没有实现。但交通信息采集设备(如视频和微波交通信息采集设备)和基于DSRC开发的电子不停车收费(ETC)设备,已经形成产业化并在我国城市和公路上开始大范围应用。

第三节 我国智能交通系统发展现状评价分析

一、我国发展智能交通过程中的经验总结

我国智能交通发展的基本经验可以概括为以下几个方面。

(一)各级政府的高度重视

我国政府十分重视和支持智能交通技术的发展和应用。为加快用高新技术改造传统产业,科技部从1996年开始组织了智能交通系统领域的一系列国际交流和合作,支持在国内开展研究和开发。

国家早在"十一五"规划中就已经将引进、开发智能交通等当代最先进的交通运输技术,作为综合交通发展所要采取的主要措施的一部分。同时,科技部在《国家中长期科学技术发展规划工作》中,也将智能交通系统作为交通运输业重点实施项目之一。交通部、铁道部、建设部、公安部也从"七五"开始就交通中的具体问题开展了电子信息技术应用的研究,之后又开始了智能交通系统的规划、体系框架制定,以及实际应用系统的研究和应用。

智能交通系统的开发与应用涉及综合运输系统中的许多部门,为了便于协调,早在2000年国家科技部就组织交通部、铁道部、公安部、建设部、国家技术监督局等有关部门,组建了我国智能交通系统政府协调组织领导机构(全国智能交通系统协调指导小组办公室),总体规划包括道路、铁路、水运、民航在内的我国智能交通系统发展战略、标准制定和人才培训,组织智能交通系统关键技术攻关和示范工程。

政府的高度重视是我国顺利推进智能交通系统建设的重要前提。智能交通系统是一个复杂的系统工程,它不仅涉及新技术推广应用方面的问题,而且涉及

体制、管理、思想观念等多方面的创新和改革,因此高层领导的参与是实施改革的必要条件。

(二)坚持走有中国特色的智能交通系统发展模式

智能交通系统是提高交通效率、保障安全、减少环境污染,促进传统交通运输产业优化升级的有效途径之一。我国政府十分关注这一新的发展趋势,在"国民经济发展纲要中对建设综合交通体系,发展智能交通做出了明确规划:"交通建设要统筹规划,合理安排,扩大网络,优化结构,完善系统,推进改革,建立健全畅通、安全、便捷的现代综合运输体系。"特别是要"充分发挥各种运输方式的优势,发展和完善城市间旅客快速运输、大城市旅客运输、集装箱运输、大宗物资运输和特种货物运输五大系统。以信息化、网络化为基础,加快智能型交通的发展。"

(三)坚持开放原则,充分利用国外智力和技术资源

为了有效、迅速地发展智能交通系统,必须充分利用国外智力和技术资源。中国政府从1996年开始组织了一系列的国际交流和合作,每年都有专家、学者、企业代表参加智能交通系统世界大会,并与欧盟、英国、美国和日本等共同组织智能交通系统国际会议。与欧盟于1998年2月合作成立了"中欧ITS信息服务中心"(STICN-ISC/ITS)。同年,与欧盟ERTICO组织签订了合作项目成立中欧智能交通培训中心。我国在有关项目的建设中引进了大量先进技术和设备。坚持开放原则,充分利用国外智力和技术资源,是我国智能交通系统发展建立在高点上的重要保证。在充分利用国外智力和技术资源的同时,政府也强调自主开发、技术创新。在科技部的科技攻关规划中,智能交通系统的一些关键技术和共性技术的自主创新被列为重点,投入了一定的资金。通过关键技术的研究和开发、承范应用,建立适合我国实际情况的智能交通系统技术体系,为智能交通系统的发展奠定基础。

二、我国智能交通系统发展中存在的问题

我国的智能交通系统开发与应用正处在一个关键时期,高新技术企业和专家对其抱有极大的热情,而面对越来越严重的交通问题,各级政府也希望通过智能交通系统的开发和应用能够解决或部分解决面临的难题。面对这样一个局面,我们应用保持清醒的头脑,认真总结在智能交通系统开发和应用中的经验,

分析存在的问题。

（一）智能交通系统的认识问题

在智能交通系统刚进入中国时,多数人是持怀疑的态度,而现在则对智能交通系统寄予了极大的希望,赋予智能交通系统过大的责任,使得智能交通系统有些负担不起。因此有必要给智能交通系统正名,对智能交通系统的应用给出必要的基础条件。我们认为智能交通系统是解决交通问题的方法和工具的一部分,这里有两个含义,首先智能交通系统是一组方法和工具,主要用来解决交通问题,其次它仅是这类方法和工具的一部分,重点是通信和信息技术的应用,而且能够产生较好效果的前提是基础设施有一定的规模、法律环境良好以及使用者具备一定的素质。因此对智能交通系统过高和过低的估计都是有害的,在当前特别要注意不能过高估计智能交通系统对缓解当前城市交通拥堵的作用,我们应该清醒地认识到信息技术与交通工程基础设施必须有良好的匹配才能发挥应有的作用。

（二）智能交通系统与当前实际需求的结合问题

智能交通系统是一组方法和工具,我们应该选择能够解决当前最急需解决问题的方法和工具,换句话说就是在智能交通系统领域中选择的开发和应用的重点应该能够解决当前问题。

我们当前应该在急需解决的问题中进行认真的分析,慎重选择试验和应用的项目,特别是要选择应用条件好,能够迅速见效的项目,这对智能交通系统发展有极大的益处。

（三）跨越式发展的问题

跨越式发展是当前谈得较多的问题,但就道路交通来说,需要认真分析而不能笼统来谈。首先来看基础设施,尽管当前中国社会和经济的迅速发展使得交通运输发展越来越快,而且进一步要求交通运输的超前发展,但是由于道路交通运输系统依赖大量的基础设施,而道路基础设施的建设需要大量的资金和一定的周期,虽然可以通过政策的支持和资金的投入缩短交通发展的历程,也可以提高基础设施建设的标准,但形成规模和系统仍然需要一定时间,因此智能交通系统的应用必将受到基础设施的制约。其次从管理来看,有些论点认为智能交通系统能使得交通运输系统跨越式发展。而单靠智能交通系统是不可能的,智能交通系统可以使交通系统的管理理念和管理手段跨越式发展,起到加速交通运输现代化进程的作用,但不可能使整个交通运输系统跨越发展。当然随着通信和信息技术以及信息设备制造业的进步,我们现在不会再使用发达国家20世纪60~90年代的电子设备,我们今天的信息采集和加工能力远远大于20世纪,但是人与物的移动仍然没变。

（四）政府协调体制与资金投入

智能交通系统与交通、通信、网络、计算机、多媒体及系统工程等多学科领域、多部门相关。1999年,由科技部牵头,联合建设部、交通部、公安部、铁道部、国家技术监督局等多个相关部委,组织成立了全国智能交通系统协调小组,为推动交通系统的智能化发展提供了组织机制保障。同年11月,国家科技部又批准建立了"国家智能交通系统工程技术研究中心",以国民经济、交通运输行业和市场的需求为导向,针对智能交通系统发展中存在的重大技术问题进行研究和开发。2003年,中国成立了全国智能交通系统标准化技术委员会。这些组织和机构的建立为协调中国智能交通系统的开发和应用起到了很好的作用,但与欧美国家的政府智能交通系统协调体制相比,中国的全国智能交通系统体制缺乏高层行政领导的加入和应有的重视,因此政策制定力度和资金投入力度不足。中国在智能交通系统的R&D公共资金投入,相对于日本和美国而言,差距较大。

（五）投融资体制

智能交通系统是多种高新技术与交通基础设施和车辆的综合集成,因此在智能交通系统研究领域占领先地位将意味着在智能交通系统市场中取得主动权,进而获得高的回报率,否则无法形成具有自主知识产权的核心产品。同时由于信息资源具有替代性、附加性、秩序性、流动增值和综合再生性等性质,决定了信息资源的开发将是一个持续的过程,必须投入足够的资金才能保证其正常、高效地为社会各方面服务。

可以考虑利用市场运作手段,通过政策激励社会资金的参与。基础设施建设主要由国家出资,开发和运营资金可以考虑先由开发商垫付,成功之后通过收取服务费来维持运营和维护。

（六）交通管理协调体制

当前,中国各行业主管部门的专业运输系统自成体系,管理职能分散,职能、利益的分割不利于智能交通系统的整合。最明显的现象就是行业主管部门间的协调难,办成一件事更难。隶属于各个部门的各种信息系统、管理系统和控制系统,基本处于"孤岛型"运作状况,阻碍了各子系统效益的充分发挥,各个运作实体与行业内外的信息交换缺乏有机的纵横联系,智能交通系统难以建设与运行。主要原因是缺乏能够协调各部门的国务院领导牵头的政府组织。

（七）政策法规

智能交通系统涉及社会、经济、生活的各个领域,它将极大地改变人们的交通行为规范和生活观念,其系统建设本身涉及多个方面,建设规模庞大,投资额度大,综合性强。无论是在系统建设过程中,还是在系统推广应用阶段,都必须依法办事、规范操作。因此,围绕智能交通系统发展规划,必须制定相关法律法规与政策,以保障智能交通系统能够顺利、健康地发展。但中国目前尚缺乏相关的技术政策、法律和法规。

目前,我国正处于智能交通系统发展初中期,既需要加大智能交通系统开发的力度,又需要在发展中规范建设行为,以打破部门垄断,促使交通信息在相关部门及行业之间实现真正的流动,创造竞争环境,推动企业和行业的技术进步,鼓励进行产、学、研相结合的技术创新,解决智能交通系统建设过程中的我国自主知识产权的技术源泉问题。因而,需要制定在财税、信贷、融资、人才、鼓励交通信息资源开放和共享、激励原始性创新等方面的政策以及促进智能交通系统发展的实施政策,研究智能交通系统技术性的法律法规。

（八）地区发展不平衡

中国整体社会发展水平,特别是经济和技术发展水平的东、西部差异、城乡差异很大,决定了中国智能交通系统的发展必须针对不同地区、不同领域制定不同的发展政策。

（九）智能交通系统的联合攻关及产业化

鉴于智能交通系统的多领域性和理论、技术的尖端性,要求多行业、多领域、多部门、产学研的联合攻关。智能交通系统的产业化将带动一大批相关产品的研发和生产,形成一个规模巨大的产业,对国民经济发展具有深远的影响。中国的企业、科研单位在智能交通系统发展过程中,合作精神不强,独占一方观念太强,形成不了强大的研发、制造和产业化联合力量。

中国在智能交通系统成果转化和产业化方面存在以下问题:一是成果转化率低;二是对引进技术的消化吸收和再创新不够。以至于国内的许多企业,在技术层次上还处在附加值较低的组装阶段,部分企业在从事具有中附加值的零部件、配套件生产,如交通控制系统的软、硬件国产化率低;大部分智能交通系统产品在精度和可靠性方面与国外产品有差距,难以适应市场需求;盲目跟踪国际潮流,缺乏立足本国国情开发的、有特色的产品。

(十) 开展多种技术方案的比较研究

不同技术方案有不同的适应范围,具体在何种环境下运用哪种方案效果更好,需要从实践中得出结论。智能交通系统发达国家,重视多种技术方案的对比性研究,不轻易否定任何一个理论上可行的方案,用实验的结果分析来得出结论。相比而立,中国缺乏此类比较研究。在中国的既往研究中,特别是国家大型攻关项目中做得尚且不够。

(十一) 交通规划与智能交通系统

目前主要行业和城市在进行规划时还没有将智能交通系统作为规划的一部分,相当多的城市和行业只是将其列入科技发展的内容之一。如何将其融入常规的交通规划等业务中还是有待解决的问题。

(十二) 应用系统中硬件与软件

智能交通系统从组成角度看,是硬件与软件的集成,在投资上两者之间存在着一定的比例关系。若破坏这种比例关系,将既无法达到既定的目标,又造成极大的资源浪费。

我国智能交通建设上,存在着严重的投资比例失调问题,重视硬件建设,忽视软件研究、开发。如在我国交通指挥中心建设中,往往硬件设施大而壮观,而控制效果不尽如人意;又如在一些城市的公共智能交通建设,硬件上投资偏大,设备先进、齐全,然而缺乏软件的支撑,导致硬件设备无法发挥应有的作用,利用率极低,造成极大的浪费。

三、总体评价

我国智能交通近 20 年间取得了较大的成功,但是其不足也是明显的,主要就是产业和市场规模与 20 年前的预计差距很大,并且没有形成自己的价值链。市场上的主要障碍有:基础设施、产品和服务的成本;缺乏相对应的公共基础设施投资;相互连接的不充分和不协调,如交通数据、标准和互操作性的缺乏。

中国智能交通技术经历了近 30 年的发展,虽然已在解决智能交通发展的关键、基础及共性技术研究上以及智能交通的城市应用方面取得了一定进展,但是智能交通系统研究与开发还主要停留在以下阶段：

第一，国内智能交通的开发和试验多数是在单独领域或某一个具体技术或某一具体应用上进行的，而且这些试验以模仿和跟踪的内容居多。

第二，在涉及智能交通框架性的内容研究上，我国进行了几期研究，虽然具有较好的整体框架基础，但在实际建设过程中，绝大部分是围绕着当前交通中的具体问题；智能交通系统的开发和建设并没有按照整体框架设计的思路，主要以应急性和适应性的内容为主开展研发，缺少系统的、突破性和独创性的研究开发和应用，特别是一些新领域还没有真正开展。

第三，我国的智能交通建设在改善城市交通状况、提高道路运输管理水平方面确实显现出一定的应用效果，但这些效果是零散、不突出的，处在交通系统的附属或可有可无的地位。

通过分析国内外智能交通系统的发展水平和应用状况，结合国内交通信息化乃至中国通信和信息技术的开发与应用情况，我们发现：① 日本智能交通系统在 VICS 和 ETC 两个方面有成功的商业应用，而欧洲和美国均没有这么突出的成果；② 国内外智能交通系统的提出、开发和应用，来自交通本身的需求和技术及其产品寻找市场两个方面动力，而在中国技术推动的作用更突出一些；③ 当前欧洲和美国、日本在智能交通领域中的研究和开发，除汽车智能化外相当一部分来自其他高技术领域的扩展应用，这种由技术牵引出的扩展应用与交通系统的自身规律有相当的差距，由此造成应用效果和商业化水平不理想；④ 由此我们可以得出在智能交通领域中，适应交通运行和发展规律的，对交通服务、运营、管理、效率产生革命性作用的高技术开发有着广阔的发展空间。特别是在国外通信与信息通用技术快速发展的今天，在通用信息技术领域中，我国要有自主创新的成果是非常难的，而在智能交通领域发展才有 20 年，国外也在探索，尤其是我们有巨大的、带有社会和文化背景的应用市场需求，如果我们组织得当，将有可能在这方面形成独特的、有具体应用支撑的、有自主知识产权的高技术产业。

综上所述，我国在智能交通领域的总体状况可以归纳为以下几点：

一是我国在各个领域都或多或少地开展了智能化交通的开发和试验；

二是我国在智能交通系统体系框架上进行了两期研究，具有较好的整体框架基础；

三是目前国内与智能交通相关的试验多数是在单独领域或某一个具体技术或某一具体应用上进行;

四是我国智能交通系统的开发和试验过程中,模仿和跟踪的内容居多;

五是我国的智能交通系统开发是围绕着经济和建设的现实问题,以应急性、适应性为主,严格讲是属于配合性的,系统性、突破性和独创性的研究开发,特别是一些新领域还没有真正开展;

六是目前智能交通在我国已经显现出一定的应用效果,但是效果零散、整体不突出,处在交通系统的附属或可有可无的地位[①]。

第四节 我国智能交通的发展趋势与特点

一、我国智能交通的发展趋势

根据上述分析,我国智能交通的发展趋势主要表现为:

第一,城市智能化交通管理和公交智能化管理仍将是大中城市主要的建设和应用内容;

第二,高速公路联网收费和智能化综合管理系统将在城间道路交通管理中得到重点推广;

第三,交通安全成为智能交通关注的重点;

第四,集各种运输方式于一体的区域性综合交通信息平台是综合交通体系的重要支撑;

第五,智能交通的产品今后一段时间内仍将以投资类产品为主。

二、我国智能交通系统发展的特点

我国智能交通系统的发展还将呈现以下几个特点:

第一,东部地区的智能交通系统将得到较快发展:"珠三角""长三角"和"京津地区"是我国经济最发达的地区,也是交通现代化水平较高的地区。在充足资

---

① 王笑京,沈鸿飞,马林,等. 中国智能交通系统发展战略[M]. 人民交通出版社,2006.

金的保证下，上述地区开展了许多智能交通系统方面的项目和示范工程，如ETC和城市智能交通系统的建设等。而西部地区和城市周边地区由于基本的交通环境尚未得到改善，实现智能交通系统十分困难。伴随着国家西部大开发和东北老工业基地振兴计划的实施，城乡一体化发展目标的实现，我国落后地区的智能交通系统也将在将来得到良好发展。

第二，智能交通系统发展趋于理性，开始注重与实际需求相结合。智能交通系统是一组方法和工具，在这个盒子中可选择的方法和工具众多，我们选什么呢？当然是应该选择能够解决当前最急需解决问题的方法和工具，换句话说，就是在智能交通系统领域中选择的研发和应用重点应该能够解决当前实际问题的。近几年，我国智能交通系统已经开始由过去只注重表面研究向与实际需求相结合解决当前交通面临的实际问题转变。这一转变将进一步推动我国智能交通系统向深层次发展。

第三，智能交通系统发展的环境逐步改善。由于交通运输涉及多部门管理，部门利益和管理体制的落后使我国智能交通系统发展的环境并不十分理想。但是，伴随着政府对发展智能交通系统的重视，我国智能交通系统的发展环境正逐步得到改善，智能交通系统标准的制定，发展智能交通系统的配套政策和法规也提上日程[①]。

---

① 王笑京，沈鸿飞，马林，等. 中国智能交通系统发展战略[M]. 人民交通出版社，2006.

第四章
智能交通系统建设案例

第一节　上海市交通综合信息平台

一、建设历程

20世纪90年代以来,上海实施了大规模的道路交通基础设施建设,形成了以"三纵三横"、内环、南北、延安高架等为骨干的城市道路交通网络,从而使本市中心区的交通矛盾得到一定的缓解。进入21世纪,随着上海经济的持续快速增长和市民收入的不断提高,机动车数量开始急剧上升,道路交通设施容量日益凸显不足,路网结构和功能均难以适应目前的交通需求,使上海面临新一轮交通拥挤的巨大压力,并成为制约上海市社会经济持续发展的瓶颈。如何提高城市道路交通的管理水平,最大限度地发挥现有交通设施的能力,进一步改善城市交通的通行状况,是亟待研究与解决的课题。依托科技创新,积极开展交通信息化建设,是其中的一项重要举措。

为了整体推进上海市交通信息化的发展,改变交通信息系统按照行业或部门各自为政发展、信息资源重复采集与低水平利用的现象,加快城市交通管理目标实现和交通信息服务水平提高,打破行业内外交通信息系统各自为政的局面,突破交通领域整体信息化发展的瓶颈,在行业的交通信息系统的基础上来建立分级互联的有机整体,在2006年开始建设交通综合信息平台,进行交通信息资源汇聚和整合,实现交通信息共享和交换,为整个社会直接提供大量的基础交通数据和更广泛的交通信息服务,以求在新的高度上协调发展。

按照"掌握现状,找出规律,科学诱导,有效指挥"的指导思想,交通综合信息平台逐步汇聚跨行业的道路交通、公共交通、对外交通和世博交通信息。对管理部门,以报表、专报、实时浏览等形式,提供交通组织与运行、交通控制与管理等综合统计分析、辅助决策参考信息;对科研机构、大专院校,以时段性、区域性原始及历史数据的形式,提供用于科研和教学相关的各类交通数据;对社会公众,以网站、电台、电视台、路边可变信息标志等形式,提供公益性交通信息服务,同时还为交通信息服务企业提供各类实时动态交通信息。

通过对上海交通综合信息平台(如图4-1所示)汇聚整合数据的综合处理,基于GIS城市地理信息技术,上海交通综合信息平台以"一机三屏"形式,展示道路交通状态等实时信息和交通视频,为交通管理部门提供直观、实时的信息支撑。主要展示信息包括:道路交通路况信息、道路交通视频信息、道路交通诱导标志信息、道路交通事件信息、道路交通掘路养护信息、牌照识别信息、SCATS信号机信息、公共交通信息、对外交通信息、综合应用信息等。如图4-2、4-3、4-4所示。

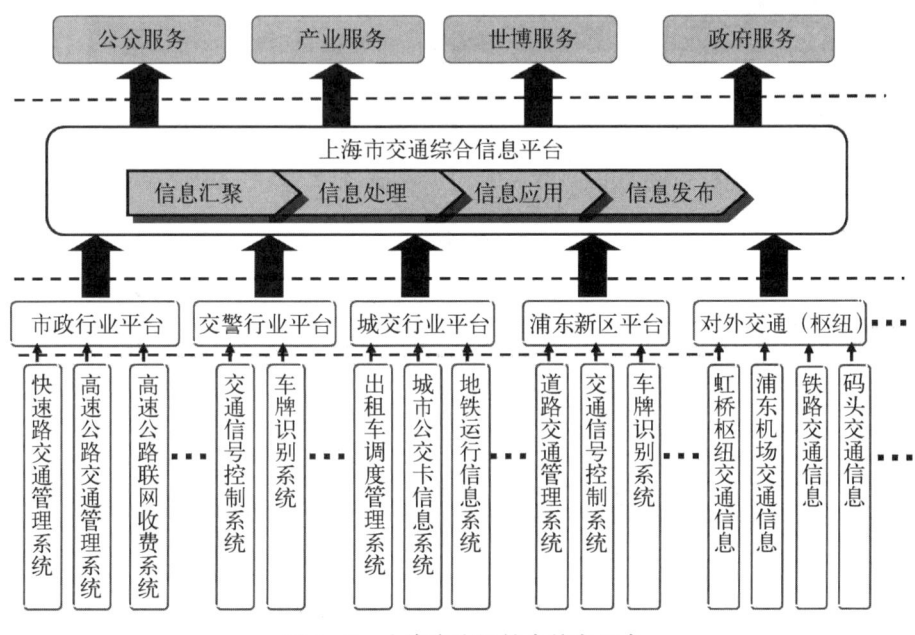

图4-1 上海市交通综合信息平台

图 4-2 快速路路况

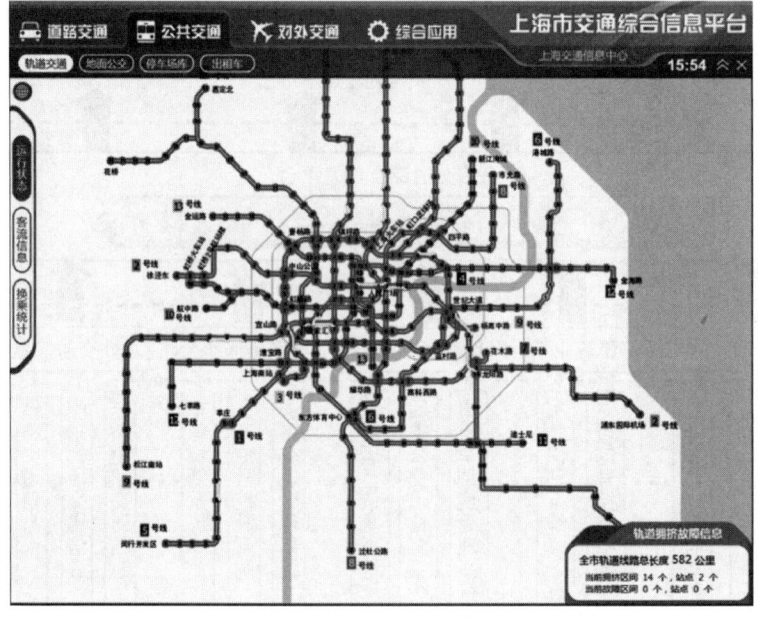

图 4-3 公共交通轨道交通运行状态

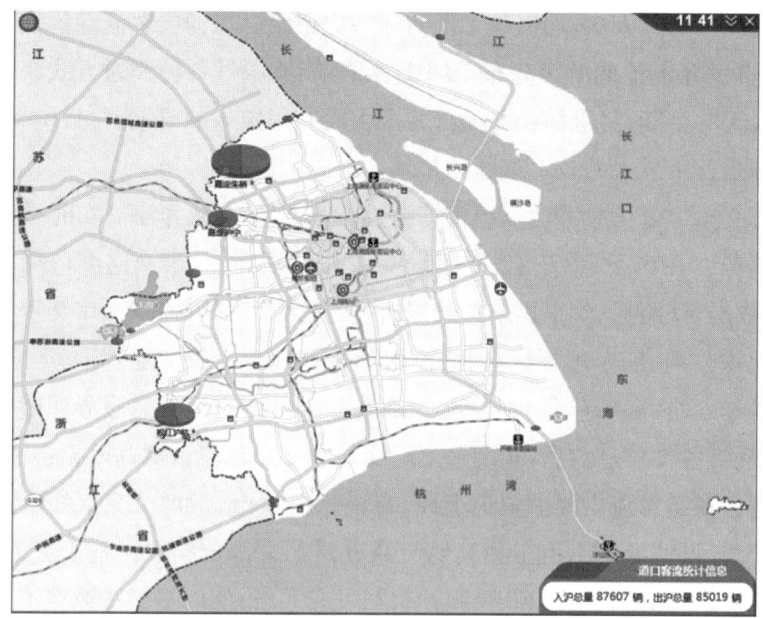

图 4-4 对外交通陆路客流信息

二、上海世博会交通保障应用

世博会交通保障是成功举办上海世博会的关键要素之一。如何既保证城市日常交通不受明显影响,又保证世博游客安全、有序集散,其核心就是要掌握全市主要路网的实时路况、预测预警每天的世博客流。上海市交通综合信息平台通过对全市交通信息的采集和分析处理,动态地掌握本市主要路网的实时路况以及在途和入园的世博客流,一方面为交通管理者提供决策参考信息,实现世博交通指挥的协同联动,避免道路交通出现长时间、大面积拥堵;另一方面,向游客和市民提供交通信息服务,实现世博游客安全、有序地集散。

(一)承担世博会交通指挥协同联动的枢纽作用

世博会期间,上海交通综合信息平台全面汇聚整合了市政、交警、公交、航空、航运、铁路等所有交通领域的交通信息资源,形成世博会交通信息服务系统。凭借世博会交通信息服务强力支撑,交通管理者如同有了"千里眼"和"顺风耳",成为交通指挥运筹帷幄决胜千里的法宝。

(二)世博会实时客流信息的采集、预测与预警

2010年上海世博会预计客流7 000万人次,实际达到7 308万人次,最高单

日客流超过103万人次,均突破了世博会历史记录。世博会客流潮汐性、聚集性较强,来自世界各地的游客分布于城市各处,能够通过各种交通方式来到园区;长达184天的会期,且世博会普通日门票上没有规定入园日期,每日世博客流的准确预测是首个巨大的技术难题。

上海交通综合信息平台承担世博会在途客流与市域客流的实时采集、预测与发布任务。在市委、市政府、市建设交通委的领导下,市交通港口局、市旅游局、市民政局、铁路局、华东民航管理局、世博园区运营指挥中心、市交警总队、申通集团地铁公司、浦东国际机场、虹桥国际机场等几十家交通管理、运输服务单位积极协作,发挥各家单位特长,配合落实各项世博交通信息服务保障措施,及时、准确提供各类信息数据,实现了上海交通和服务信息资源高度整合和汇聚。

世博会在途客流主要由轨道交通、省级旅游大巴、世博公交专线、途经园区常规公交线、世博专用出租车和其他交通方式七大部分构成。基于交通综合信息平台开发的客流采集、处理、预测预警与发布系统,实时提供在途客流、市域客流和入园客流的实时更新与预测信息,并通过"一机三屏"远程终端,为世博交通指挥管理者提供量化和直观决策管理依据。经评价分析,预测客流量的平均准确率在96%以上,有效地发挥出及时研判作用。世博入园客流的预测工作得到社会各界的充分肯定,被《文汇报》《人民日报》和各大网站相继报道。

(三)世博会交通出行信息服务

在世博期间,上海市综合交通信息平台通过"世博交通出行网",帮助世博会游客规划出行路径、出行方式、换乘方案,获取世博园区实时客流信息和全市道路交通实时状态信息,了解世博会交通政策、各类交通管制措施、公告和重大世博交通新闻,让世博会游客和本市市民全面掌握出行信息。也正是有了世博会交通信息服务,广大观博游客和市民出行也有了更多选择参考,可以寻找合理路线,规避拥堵区域,出行更畅通,心情更愉快。

历经184天精彩的上海世博会于2010年10月31日圆满结束,7 300多万人次的游客饱览了世博园区的绚丽与辉煌。如此庞大的客流之所以能平稳有序地进出世博园,全市道路交通并没有采取预案中所考虑的限行、封路等管制措施,实时的交通信息和客流信息起到了至关重要的"情报"作用。基于交通综合平台园区客流预测的数据分析,为世博局开展科学合理的开展客流研判,及时制定有效的票务调整方案、恰到好处地启动大客流应急处置预案做出了贡献。

三、交通指数分析应用

城市交通状态指数概念的提出最初源于对城市交通拥堵问题的一种客观描述，借助定量化的表达，反映城市交通拥堵的程度，为交通管理者和出行者提供宏观交通状况的判断和掌握。交通状态指数的描述适用于城市道路全网（包括快速路、地面道路）、区域、路径、路段交通状态指数的计算及城市道路网交通运行状态评价，对客观、科学掌握城市交通运行状态，进行城市交通发展决策、道路交通信息服务具有指导作用。

上海市道路交通状态指数 TSI（Transportation Service Index）的计算，以一定范围内各个路段实时采集的平均车速为基本参数，按不同等级道路设施要素和通行能力，加权求和并经过标准化后计算生成。交通状态指数作为一种区间数字化评估指标，能够细致地刻画目标道路的交通状态，但为了理解与比较的需要，还要在纯数字结果的基础上进行分级研究，以从特征上表达交通状态等级描述。从交通管理与出行体验角度来看，指数等级划分应体现以下三点：① 指数等级之间特征过渡明显；② 指数等级要符合区域内大部分出行者的体验；③ 指数分级尽可能与大众熟悉的"红黄绿"三色状态分级相兼容。

上海道路交通状态指数值用介于 0～100 之间的数值表达，数值越大，表明道路交通越拥堵，数值越小，表明交通越畅通。在指数 0～100 数据区间基础上，为方便人们的理解与记忆，通过对历史数据统计分析、出行调查和现场验证，分类归纳出人们对快速路、地面道路交通拥堵的习惯感受程度，划分出四个拥堵程度等级区间，分别为：① 区间[0,30)，对应于畅通，交通运行状况很好，路网平均车流密度小、车速高，只有很低比例的道路处于拥挤状态，用深绿色表示；② 区间[30,50)，对应于较畅通，交通运行状况较好，路网平均车流密度较小、车速较高，只有较小比例的道路处于拥挤或阻塞状态，用浅绿色表示；③ 区间[50,70)，对应于拥挤，交通运行状况一般，路网平均车流密度较大、车速不高，处于拥挤或阻塞的道路占有显著的比例，用橘黄色表示；④ 区间[70,100]，对应于堵塞，交通运行状况很差，路网平均车流密度很高、车速很低甚至停驶，处于拥挤或阻塞的道路占有相当高的比例，用暗红色表示。如图 4-5 所示。

上海市交通综合信息平台上也提供快速路、地面道路的交通指数情况。如图 4-6 所示。

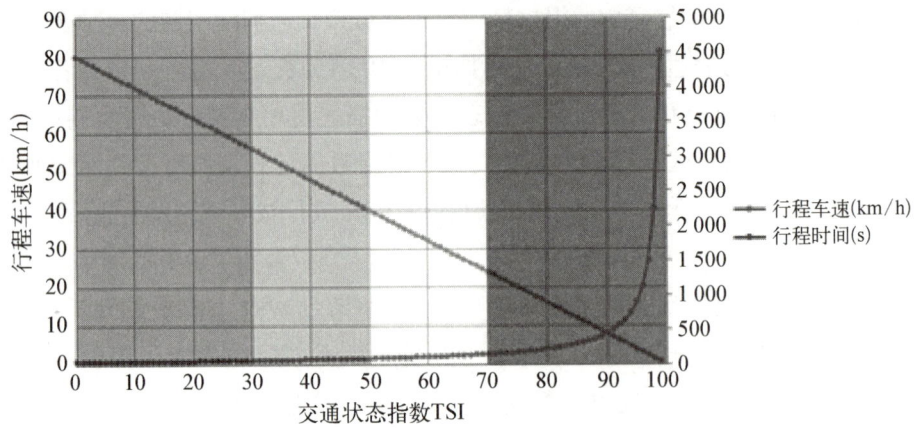

图 4-5　交通状态指数 TSI、行程车速和行程时间之间的关系

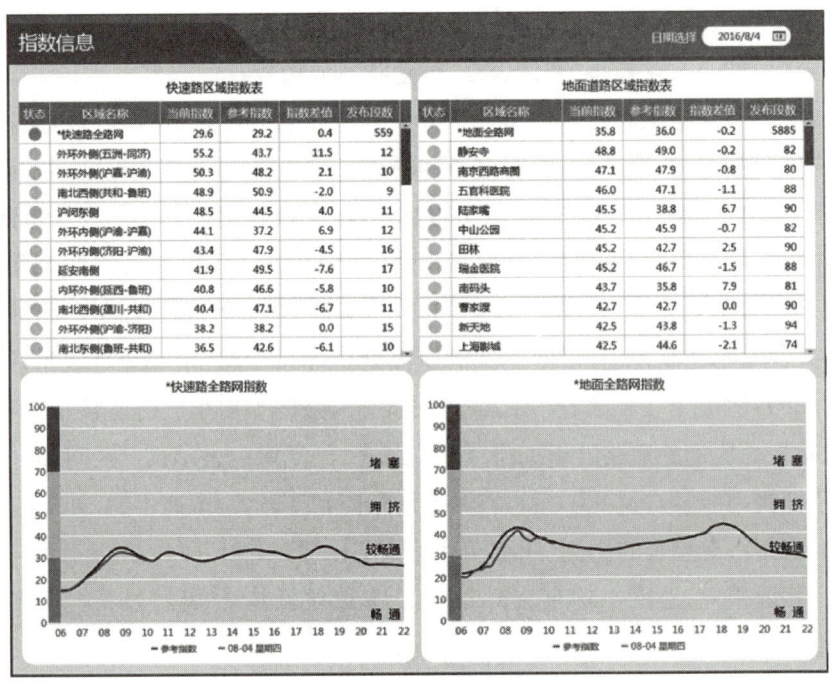

图 4-6　快速路及地面道路指数信息

第二节　上海城市交通智能诱导系统

提前预知路况信息可以让行车人做到"心中有数",通过对交通管理分属市政、交警等各部门信息的有效整合,上海市研发统一的智能交通诱导系统,为人民群众解决"指路"难题。

有了全市统一的交通智能诱导系统,可以有效判断本市交通的基本情况。上海市已在延安、南北、沪闵等高架道路和地面主干道装上了电子"慧眼",监控反馈上海快速路的交通状况。上海市主干道路路面每隔三四百米有块方形"标记",地下1厘米处就藏着电子眼的"神经末梢"——感应线圈。过往车辆的流量、流速和路面占有率等数据都将反馈给监控中心。"红黄绿"三色电子板即时为市民报告拥堵信息,红色代表前方堵塞,行车速度每小时低于20千米;黄色表明前方拥挤,行车速度在每小时20~40千米之间;绿色代表一路畅通。电子板可以根据道路现状即时发布信息,可以向行车人提示需要多长时间到达,为行车人"精打细算"。有突发交通事故,电子板还可以进行"前方事故,请绕行"等提示,让行车人绕道节省时间。

一、交通信息采集方式

信息采集是通过各专业交通信息管理系统完成的。专业交通信息管理系统在其实施区域范围内全面设置交通信息采集设备,并在相应单位建设交通监控管理中心,实时采集区域范围内的交通数据和视频图像信息。在上海市中心城区交通信息系统项目中,采集的手段主要包括:

(1) 在高架道路上安装了大量的环形线圈型交通参数检测器,实时采集交通流数据(交通流量、速度、占有率等);数据从外场设备到监控中心的传输,采用了光纤自愈环网,保证系统安全可靠运行;

(2) 通过摄像机监视高架上交通状况,达到了高架道路全线覆盖;

(3) 从桥隧监控分中心接入了桥隧的交通数据信息;桥隧发生突发性重大交通事件时,快速路监控中心在接收到信息后,结合相关快速道路的交通信息,形成整体路网的交通状态信息。

（4）从 SCATS 交通信号控制系统中采集交通流信息（交通流量、检测线圈空闲时间等）、信号配时信息（相序、周期时长、相位时长、相位开始时间等）及其他相关信息，充分利用了 SCATS 检测设备；

（5）在部分主要干道上，安装了视频车辆检测器和车辆牌照自动识别装置，补充交通数据的采集，并利用车牌自动识别技术估计行程时间；

（6）利用外场路口摄像机，对道路上的交通流情况进行视频监视，已达到了地面主要干线道路及其路口基本覆盖的交通信息采集的能力。

二、交通信息处理技术

信息处理模块的功能是通过对道路交通现状数据的综合分析处理，自动检测道路交通拥挤和交通事件，预测行程时间。以上海市中心城区道路交通信息系统为例，其核心的交通信息处理技术包括：

（1）快速路采集数据的预处理（数据合法性检查、数据修补与恢复、数据的标准化）；

（2）基于快速路交通信息采集条件的交通状态（畅通、拥挤、阻塞）和交通事件自动检测；

（3）基于快速路交通信息采集条件的行程时间预测；

（4）交通信号控制系统采集数据的预处理（数据合法性检查、数据修补与恢复、数据的标准化）；

（5）基于交通信号控制系统采集数据的地面道路交通状态（畅通、拥挤、阻塞）自动检测和行程时间预测；

（6）基于车牌自动识别技术的行程时间预测。

三、交通诱导信息发布的策略与形式

系统应当实现多样化的路边交通信息发布与交通控制的手段，从广域发布到区域发布，从主线诱导到匝道控制，互为补充，互为依托，充分发挥路边交通诱导对出行者现场指导的作用，多种现代信息传播技术的应用，初步实现了网络化的交通诱导效果，实现了面向公众的信息服务的效果。

信息发布策略是总体诱导和局部诱导的有机结合。目前诱导系统服务的对象主要是群体驾驶员，通过交通信息可变情报板和交通广播等多种方式，将驾驶员行驶前方不同路径和匝道的实时交通状况、道路管制状况、事件事故情况等进行发布,使驾驶员对前方的交通状况知晓于心,从而引导驾驶员选择最优的行驶路径,减少车辆在路网中的滞留时间,尽快到达目的地;同时也减少了由于驾驶员的不知情而产生的拥堵盲目加剧,达到缓解交通压力、促使路网交通动态均衡、路网交通状况动态最优的目的。

交通信息可变情报板是信息发布的重要渠道,也是实现交通诱导策略的重要手段。系统在上海的信息发布范围已经实现了在高架道路全面覆盖、地面道路部分覆盖。通过不同类型(图形和文字、大中小板)的可变信息板(VMS)实时动态地向驾驶员提供道路交通信息,信息发布内容包括:道路交通状态信息(畅通、拥挤或堵塞)、交通事故信息以及关键道路节点间的行驶时间信息、交通管制信息等。诱导包括如下形式:

(一) 总体诱导

在高架道路的主线上安装大型可变信息板(L型),通过图形形式向驾驶员提供前方快速路网相关路段、交通节点的交通状态信息,以便驾驶员能自主选择有利行驶路径,起到广域诱导的作用。如图 4-7 所示。

图 4-7 基于大型可变信息板(L型)的总体诱导

（二）局部诱导

在高架道路主线上的出口匝道上游设置中型可变信息板（M型），配合文字信息的发布，告知驾驶员前方主线若干个路段、下匝道和立交的交通状态。若道路前方发生交通阻塞或事故时，使驾驶员有时间做出判断，改走相关地面道路，而不致延误行程。如图4-8所示。

图4-8 基于中型可变信息板（M型）的局部诱导

（三）行程时间的发布

在M型可变信息板、A型（文字型）可变信息板上发布到达指定地点的预测行程时间。如图4-9所示。

（四）针对交通事件的交通诱导

在发现交通异常（交通事件自动检测、人工采集以及气象事件等）以及在交通管制（施工封路封道等）时，按照决策控制要求发布指令性诱导信息以诱导交通流，信息发布以文字型指令方式，信息内容决定于决策控制要求。如图4-10所示。

图4-9 基于文字型可变信息板(A型)的行程时间发布

图4-10 针对交通事件的交通诱导

(五) 入口匝道状态信息的发布

通过布设在地面道路上的小型可变信息板(S型),发布入口匝道的状态(关闭、畅通或拥挤),以配合匝道控制和入口匝道流入调节。在匝道关闭或恢复为开放时,设置在相关地面道路上的针对匝道诱导控制的 S 型可变信息板将发布匝道状态(关闭、畅通或拥挤)信息,并按照其布设相对入口匝道的距离,分时序发布。如图 4-11 所示。

图 4-11 入口匝道状态信息的发布

四、社会经济效益

上海城市交通智能诱导系统自 2004 年在上海市中心城区开通运行以来,得到了社会各界特别是驾驶员的一致好评。通过对交通数据的评估研究发现,系统对交通状态自动判别的正确率达 95% 以上,行程时间预报误差小于 5%,居国内领先、国际先进水平。实际调查数据表明,本系统对于缓解中心区交通阻塞、改善中心区交通状况起到了非常积极的作用。延安高架北侧及南北高架道路的交通状况有所好转,流量增加了 5%,平均车速增加了 3%,小时流量变化波动减小,道路畅通时间增加,拥挤堵塞情况缓解,畅通时间增加 7%,道路服务水平有一定的提高。

该系统自研发到投产产生的直接经济效益约为 1.5 亿元人民币。系统建成之后提高了高架道路 5% 的通行能力,节约了出行时间,相当于增加了 3.5 公里长的高架道路,相当于节约了 10 亿～12.5 亿元的建设资金,减少大约 3% 以上的尾气排放。

第三节　延安路中运量公交智能化系统

中运量公交系统(Medium-Capacity Transit System，MCTS)是介于大运量轨道交通和小运量常规公交之间的运输方式,单向客运能力一般在 5 000～30 000 人次/时,包括快速公交(BRT)、有轨电车、无轨电车等。根据广州、常州、成都等城市的快速公交建设经验,这些由大量常规公交线路组成的客运走廊经线路整合路权和提升运行车速后,会形成城市的公共交通客流骨架,不仅方便沿线居民出行,还起到类似地铁线路的运行效果。

一、延安路中运量公交诞生背景

在上海的公共交通体系中,既有网络四通八达的地铁,又有公共汽车,人们出行还可选择小汽车。但是目前,上海中心城区道路资源已不能满足市民的出行需要,特别是上海快速高架系统已基本形成,短时间内道路资源没有大幅提升的可能性。提升道路运输能力重担,落在了公共交通上。近年来,上海公共交通以发展地铁为主,目前运行的地铁线路达 14 条,日客流普遍已超 1 000 万人次。但地铁存在建造周期长、造价高、发车间隔限制、早晚高峰拥挤、接驳不便等问题。而常规公交线路数量、线网密度、站点覆盖率逐年增长,地面上的常规公交对乘客的吸引力却没有同步上升,急需"升级换代",提高吸引力。

延安路是一条浦西东西向公交走廊,现有 60 多条地面公交线路在运行,多数延安路路侧都设置有公交专用道,但由于受非机动车占道骑行、沿线单位车辆出入、右转车辆借道等干扰,常规公交运行车速目前仅能维持在 12 千米/时左右,因此,常规公交的现状亟待升级。

由于地铁 2 号线、10 号线和 14 号线分布于延安路南北两侧,但是站点到延安路具有一定距离,不能便捷覆盖,早期的规划受制于施工技术,未在延安路下设轨道交通线路。而且由于延安路已建成高架,加上沿线高楼林立,延安路下没有兴建轨道交通的通道。同样,由于延安路地下管线密布,若按有轨电车布置,管线搬迁、工期的影响均可能存在较大的不确定性,而且由于穿越上海市核心区,对现状交通和沿线出行的影响均难以预计,因此延安路建设有轨电车代价也比较大。

同时,由于延安路大部分路段都有高架路,高架柱子下面的隔离带间距有6~7米,适合建造中运量工程。

二、延安路中运量公交系统工程设计

延安路中运量公交系统工程线路走向为沪青平公路(申昆路)—延安西路—延安中路—延安东路(中山东一路),自西向东横贯闵行、长宁、静安、黄浦四个区,线路总长17.5千米(图4-12)。设路中式公交专用道,设站25组(含首末站2座,分别位于外滩和申昆路),平均站间距730米。

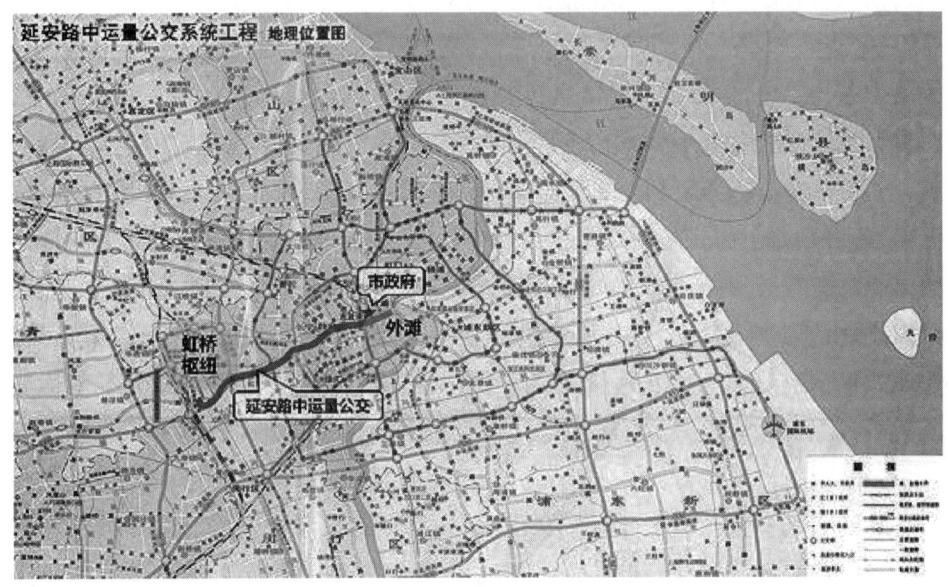

图4-12 延安路中运量公交线路

工程采用18米双源无轨电车运营,由于双源无轨电车通过电池和触网供电运行,相比有轨电车减少了管线搬迁和挖翻,相比常规汽柴油车辆节省能源和降低碳排放,相比电动公交车拥有更强的续航和运营稳定性,相比传统电车可脱网运行,适合延安路地面道路采用。延安路往返两条公交车道紧邻高架立柱,车站设置于高架下方,利用现有延安路、沪青平公路中央分隔带设置,车辆左开门上下客(图4-13)。为方便乘客通行,延安路高架沿线改建和新建五座天桥,并在天桥上将加装梯道,供乘客上下通行车站。

图4-13 延安路中运量公交站台

中运量公交专用道设置在道路中央而非最外侧,享受24小时专用路权;同时,在延安路中运量工程中全线设置"公交信号优先"措施,保障"公交优先"。公交信号优先的本质是将道路资源更多地向公共交通倾斜,但是延安路沿线存在中山西路、凯旋路、华山路、西藏路等多个高峰时段较为拥堵的交叉口,已成为路网中较为脆弱敏感的区域。在紧张的道路资源中,为实现信号优先,通过土建措施提升路口通行能力的基础上,充分挖掘路口的潜力,针对不同级别的路口配以不同的优先策略,确保延安路中运量公交车辆快速准点。比如说,原延安路在古北路、虹桥路一带是六路交叉路口,延安路不能直行;中运量工程实施后,将通过信号优先让中运量公交先直行通过。

三、延安路中运量公交智能化系统功能介绍

延安路中运量公交智能化系统是一套建立在网络、交通信号、控制、计算机、

信息处理基础上的智能化公交服务集成系统。中运量公交系统需要多个部门协调配合实现公交系统的优化，包括上海公交总调度中心、交投监控中心、交警监控中心以及其他相关单位，彼此之间实现信息共享。延安路中运量公交智能化系统由以下六大系统组成：

（一）大屏展示系统

大屏展示系统主要部署在申昆路调度中心 2×6 液晶拼接屏上，该系统为延安路中运量定制开发。平台汇集了外场 48 个路口、9 个调头和行人过街、47 个站台、68 辆电车的信息，采集信息包括：电车射频识别电子标签和 GPS 定位信息、沿线和相交道路交通流量状态检测信息、车辆、专用道和车站视频信息以及涉及的所有设施设备信息；平台功能主要分为"一总四专"，即一个综合监控，加上运行调度、信号优先、专用道监控、设备运维四个专题展示。

在综合监控中借鉴参考了道路交通监控管理、公交管理、轨道交通运行管理系统的模式，采用双视图的方式展现延安路中运量全线各个要素。

双视图包括：以道路、专用道变形图为背景的视图，重点展现专用道、车站、路口、车辆等设施运行状态，显示状态包括：车辆状态、站点设施状态、信号优先状态等；同时在这个界面中以人、车、站、路为侧重点，对延安路中运量运行过程监控中需要重点关注的方面，通过实时报表、曲线图等可视化的方式展现给管理人员。

在运行调度专题页中，从运营调度全过程管理的角度出发，显示的内容包括：电车发车、途中车辆状态、其他相关公交车辆和轨道交通站点信息、车辆异常运行状态报警以及生产调度实时报表等。

在信号优先专题页中，考虑重点对电车信号优先的实现过程进行展现并对实施后的效果进行评价分析，首先是直观展现的信号优先请求和响应次数，再通过中途站的准点率、电车行程时间来分析评估信号优先的效果。

在专用道监控专题页中，主要从专用道基础设施的角度，对专用道、站点的实时运行情况进行监控。

设施设备运维专题对整合中运量智能化系统中涉及的内外场设备的工作状态进行监控，实时掌握设备的完好率和维修的情况，并通过设备的实时监控报警信息，根据报警信息的等级了解整个系统运行的健康程度。

（二）公交智能调度管理系统

公交智能调度管理系统用来实现车辆的无线远程调度监控，实时调度及信息管理，是公交公司日常营运生产中最为核心的业务。整个业务涉及计划、排班、调度、统计分析等功能。通过智能调度系统，管理延安路中运量公交线路调度管理工作，合理调配行车间隔及发车时间，优化运营效率。其功能主要包括：运行计划编制、智能调度管理、非营运调度、线路图实时监控、应急联动和信息发布服务等功能。

（三）企业信息化综合管理系统

企业信息化综合管理系统主要负责延安路中运量公交运营相关设备信息、人员、物资等公交业务信息的综合监控、维护和管理。该系统主要由统计分析、机务管理、仓储管理、物资管理、票务管理、人力资源管理以及安全管理等子系统组成。

（四）专用道监控系统

专用道监控系统主要面向营运管理者，为其提供实时、准确和易获取的专用道运行状态信息，同时为用户提供自动的专用道运营统计报表，从而达到在降低管理者工作量的同时提高对专用道的监控力度，确保专用道的正常运行。专用道监控系统主要由专用道综合信息展示、专用道运行指标分析和专用道运行监控功能组成。

（五）设施设备运维管理系统

设施设备管理系统整合了所有的智能交通设施设备，可以做到自动采集、智能分析和报警、统一监控、即时处置、规范运维、综合评价分析等功能。通过该系统能够更好地查看每个关联监控的设备，包括设备的运行状态、报警状态，方便运维人员及时查看设备信息，根据报警进行报修等操作。对一段时间内的报警信息可进行统计查询、图表查询。

（六）信号优先中心管理系统

公交信号优先系统工程建设涉及全线 55 个交叉口，包括：道路检测子系统、公交信号优先子系统、信号优先中心管理子系统、信号优先通信子系统、信号控制系统改造、信号灯系统改造等共六个子系统。该系统主要实现以下三大功能：

（1）面向人—车—站—路的全方位信息采集：对中运量客流、运营车辆、站点（含停保场）、专用道和沿线社会道路的全方位监控，全面掌握中运量运行情况，为运营调度管理提供支撑；

（2）全线应用了基于汽车电子标识的中运量车辆定位检测设备，实现中运量车辆的精确、可靠定位和信号优先触发；

（3）覆盖运营管理全过程的综合集成管理平台：对中运量运营全过程进行调度管理，并通过专业的设施设备管理系统确保设备故障状态实时掌握、及时抢修。

第四节　共享汽车——电动汽车分时租赁

一、电动汽车分时租赁发展现状

汽车分时租赁是一种以汽车使用权替代拥有权，满足人们短时用车需求的新型交通模式。一般由第三方经营的会员制用车公司来解决车辆调配、保险和停放等问题，用户根据需求预定车辆并按照实际使用量支付费用。有别于传统汽车租赁，分时租赁汽车定位于短时出行需求居民，操作便捷，通过手机 APP、互联网、或者电话预约等即可实现取车和还车的自助服务，用车时间可按分钟、小时或天数计算，费用结算通过预付费卡或信用卡划账，无办公时间限制。比传统租车业务更加灵活、便捷、低廉，正在发展成为一种日常的用车模式。

共享汽车填补了公共交通和私家车之间的空白，满足了中距离出行及其他特殊出行需求。在扩大用户量及增加使用率的过程中，也可在一定程度上缓解交通拥堵、停车难等问题，尤其是采用新能源汽车的分时租赁汽车，更能减少汽车尾气排放造成的污染，故"分时租赁＋新能源汽车"的模式得到大力推广。现在国内已出现很多新能源分时租赁汽车服务商：EVCARD、GoFun、绿狗、一度用车、壹壹租车、零派乐享等。

二、中国首个电动汽车分时租赁品牌——EVCARD

EVCARD 的运营公司，上海国际汽车城新能源汽车运营服务有限公司成立于 2013 年，大本营位于上海市嘉定区的国际汽车城，是中国首个电动汽车分时租赁品牌。EVCARD 新能源分时租赁已与多家汽车公司达成合作，分批多次购入奇瑞 EQ、荣威 E50、宝马之诺 1E 三类新能源车型投入运营，并且准备投放宝马 I3、东风启晨等其他车型。截至 2017 年初,EVCARD 新能源分时租赁业务已进入全国 23 个城市,累计投入运营租还热点超 3 400 个,投入运营车辆超 8 400 台,注册会员超 450 000 名,预计今年底超过目前运营车辆数最多的企业 Car2Go,成为全球第一。EVCARD 在上海地区覆盖 16 个区县,已经启用 2 556 个租赁热点,投入运营车辆逾 5 000 辆,每天使用超过 15 000 人次,每辆车平均行驶时间近 4 小时,总计行驶里程 76 248 981 公里,减少温室气体排放 15 249 吨。图 4-14 为 EVCARD 租还车热点。

图 4-14　EVCARD 租还车热点

三、EVCARD 电动汽车分时租赁亮点

(一)分时租赁

EVCARD 采用按分钟计费的收费方式,每分钟收费 0.5 元起,接受银联手机支付、支付宝、微信支付等多种支付方式,十分便利。

(二)全程自助

用户通过手机 APP 全程租还车,只需根据 APP 就近订车,刷卡即可取车(图 5-15),完成用车后再找到任意热点即可还车,然后自动结算,全程自助,随取随还。

图 4-15 EVCARD 刷卡取车

（三）异点还车

目前上海市内各区均有热点，网点布局多，启用上海机场高铁交通枢纽网点后，覆盖了上海六大重要交通枢纽及 16 个区县，租还车方便。

（四）全程保障

所有 EVCARD 营运车辆均有沪租赁牌照，购买 11 项行车保险，客服热线及全天候紧急救援保障用户用车无忧。

（五）新技术、新模式

EVCARD 还将在未来的智能租还车热点应用最新技术，如：自动充电、智能泊车、光伏储能、智能车位管理、V To G 等，值得期待（图 4-16）。

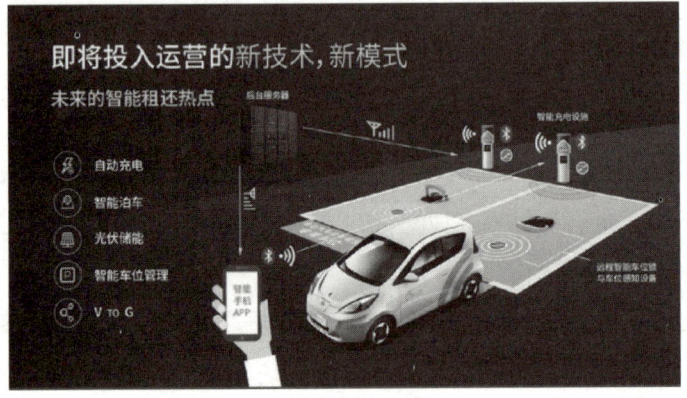

图 4-16 EVCARD 未来技术

第五节 国家智能网联汽车(上海)试点示范区封闭测试区案例

一、智能网联汽车发展现状

随着汽车保有量的持续增长,由汽车引起的道路安全、交通拥堵、能源短缺及环境污染等一系列问题日益严峻。截至2015年,我国当年产销汽车超过2 450万辆,年产销售量再创全球历史新高,汽车保有量达到1.7亿辆左右。与此同时,我国交通事故死亡人数连续多年位居世界前列,每年交通事故造成的直接经济损失达10亿元,远超欧美发达国家。为此,未来我国汽车产业需着眼于优先发展安全、节能、环保的新型车辆技术和提供多层次、高效率的交通出行方式。

中国汽车工业协会对智能网联汽车定义为,搭载先进的车载传感器、控制器、执行器等装置,并融合现代通信与网络技术,实现车与X(人、车、路、后台等)智能信息交换共享,具备复杂的环境感知、智能决策、协同控制和执行等功能,可实现安全、舒适、节能、高效行驶,并最终可替代人来操作的新一代汽车。智能网联汽车也是城市智能交通系统的重要环节,欧洲和美国、日本等发达国家和地区均从战略高度上给予了重视,在政策上加大对智能网联汽车的研发和产业化推进的投入力度,且在一些关键技术领域已经先行一步。特别是美国,早已将智能网联汽车作为智能交通系统的重要组成部分进行了国家层面的战略规划与技术性测试。

智能网联汽车涉及汽车、信息通信、交通等多领域技术,其技术架构较为复杂,可划分为"三横两纵"式技术架构。"三横"指智能网联汽车主要涉及的车辆、信息交互与基础支撑三大领域技术,"两纵"指支撑智能网联汽车发展的车载平台以及基础设施条件,如图4-17所示的基础设施指除了车载平台外,支撑智能网联汽车发展的所有外部环境条件,如道路、交通、通信网络等。智能网联汽车需要车路协同、车路一体化,在智能网联汽车的推动下,道路等基础设施将逐渐向电子化、信息化、智能化方向发展。

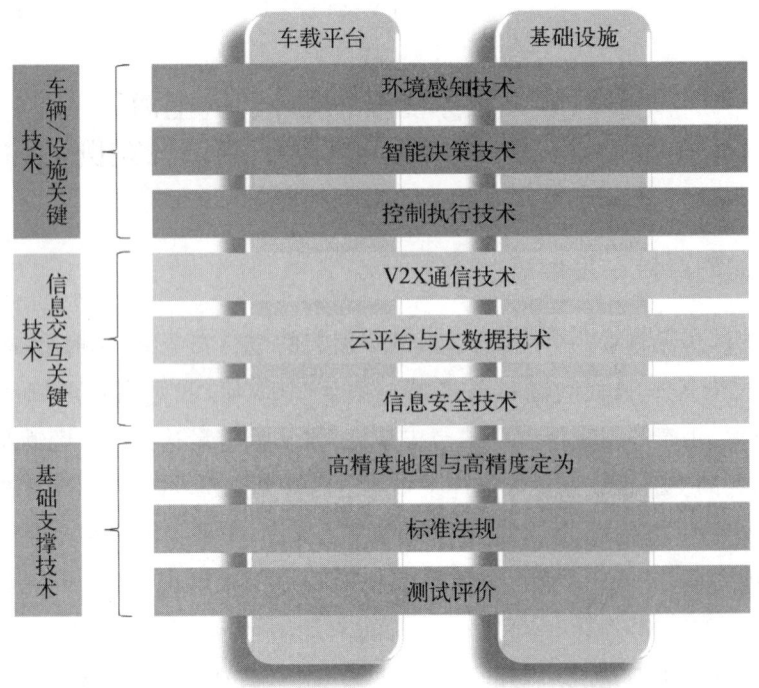

图 4-17 智能网联汽车"三横两纵"技术构架

二、示范区发展规划与平台建设

上海市嘉定区是上海全球科创中心建设的重要承载区,具备良好的政策、人才优势,汽车产业链整,在自动驾驶技术方面有一定积累,集聚了近 50 家汽车电子智能化软硬件研发、应用企业,具备企业、高校、科研机构及公共服务平台等研发资源。上海国际汽车城经过 15 年的建设,已经成为国内产业链最全、综合实力最强的汽车产业基地,致力于服务汽车产业转型升级。2011 年,由国家科技部和上海市共同响应国际电动汽车示范城市倡议,上海市成为中国首个电动汽车国际示范城市。2015 年 6 月,国家工信部批准上海国际汽车城承担国家第一个智能网联汽车试点示范区的建设任务。

根据产业技术进步的需求,上海国际汽车城规划分四阶段从封闭测试区逐步拓到开放道路、典型城市和城际走廊,形成系统性评价体系和综合性示范平台(图 4-18)。平台以测试安全类典型工况场景为主,并结合实际需求增加了以智慧交通为主的效率类、以移动互联为主的信息服务类和新能源汽车为特色的应用类场景(图4-19)。建设了提供自动驾驶、V2X(车与车、车与人、车与路、车与环境通信)专业的封闭测试区(F-ZONE),服务车辆进入开放道路前的各种安全性测试和标准规范制定。规划建设100个场景,其中一期完成29个场景。

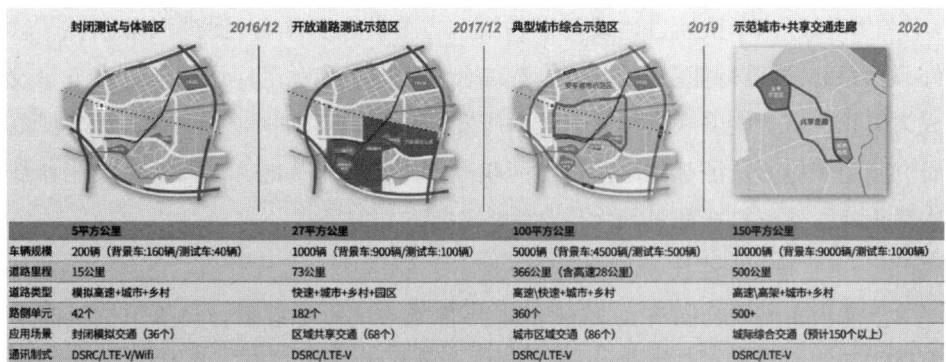

图4-18　上海国际汽车城智能网联汽车试验示范区建设步骤

图4-19　上海国际汽车城封闭测试区应用场景类型

现第一阶段建设已经完成,2016年6月7日正式开园的V2X封闭测试区(F-ZONE),共有10多个品牌智能网联汽车进行了集中展示和体验,上海汽车集团股份有限公司、沃尔沃汽车集团、通用汽车、清华大学、同济大学、吉林大学、博世汽车部件有限公司、东软睿驰汽车技术、上海机动车检测中心、国家技术转移东部中心、中科院上海微系统所等十多个品牌25辆汽车展示了无人驾驶、自动驾驶、V2I(车路通信)、V2P(车人通信)、V2V(车车通信)和AEBs等技术,测试复杂环境下的感知、智能决策、协同控制和执行等功能；其中上海汽车集团无人驾驶汽车演示了车道保持、自动换道、自动掉头和自主泊车等功能。活动得到了工业和信息化部、公安部、商务部、科学技术部等部委和中国汽车工程学会、中国信息通信研究院、交通部公路科学研究所等行业组织及科研院所予以大力支持，海内外100余家媒体进行了报道和转载。

上海国际汽车城通过建设开发的第三方公共服务平台，促进汽车、电子、软件、通信和交通等行业融合发展，打造综合性的产业和示范应用基地。力争建设成为引领中国智能网联汽车先进技术研发、产品验证和展示发布窗口、标准规范研究制定和检测认证基地以及智能网联汽车产业孵化基地、人才高地、产业和资本集聚地。重点打造如下六大平台：

（一）前瞻、共性技术研究平台

上海汽车城联合同济大学、上海电科智能系统股份有限公司等单位组建了上海市智能网联汽车与智慧交通工程技术研究中心（CITIE），共同探索面向市场化的产学研用新机制。该中心为智能网联汽车和智慧交通领域唯一的跨行业、跨区域的省部级工程技术研究中心。目标是到2018年，建成国内领先、具有国际影响力的智能网联汽车与智慧交通前瞻共性技术协同创新、标准规范研究制定、产品技术检测认证和科技成果孵化转化的功能性公共平台，聚焦于智能汽车环境感知、决策与控制关键技术；多目标交通信号和车辆智能化协同控制技术；多种智能水平车辆混合环境下的交通体系管理优化技术；基于V2X的交通控制与诱导关键技术；智能车路协同及测评关键技术；LTE-V无线传输技术等。

（二）标准、规范研究制定平台

在中国汽车工程学会的牵头下，上海市国际汽车城与清华大学、长安汽车、通用汽车、中国信息通信研究院等单位共同参与智能网联相关技术标准的研究。针对F-Zone封闭区首期建设的29个场景，对测试场景、参数、设备、流程等进行了研究和梳理，得到标准化的测试规范和管理流程。

（三）产品、技术测试认证平台

智能网联示范区正为超过六家整车和零部件企业提供持续测试服务，进一步优化一期29个场景，提供标准化的测试流程和方法，并在安驰路进行智慧路灯改造、安亭新镇应用车路协同（V2X）绿波协同控制、汽车城创新港园区等开放道路进行实证测试，逐步为智能网联技术、产品提供测试验证和系统级试验环境。

（四）数据与信息安全评测平台

建设了覆盖F-Zone封闭测试区的数据中心，具备F-Zone测试车辆数据收集、存储、管理和分析能力，并定义了公共数据中心的采集规范。数据中心包括管理控制中心和外场子系统等建设，可以满足对区内人、车、路的综合监控和管理功能。

（五）产业孵化、创新集聚平台

上海汽车城创新港由上海市经济和信息化委员会授予"上海新型工业化产业示范基地（智能网联）"，聚焦创新为智能网联汽车提供专业的创新环境，搭建联合会议中心、展示中心、创业中心、办公中心等服务功能。2012年5月9日项目正式启动，2015年10月26日正式开园，已吸引蔚来汽车、上海汽车集团、百度、阿里等25家入驻。2016年8月19日，牵头成立中国首个汽车创新孵化器联盟。

（六）智慧交通与国际合作平台

示范区坚持国际视野，积极参与国际间交流合作。与美国密歇根大学测试场地 M-city 实现互访。

三、F-Zone测试功能案例

F-Zone位于上海国际赛车场南部，占地面积约2平方千米，构建了集成LTE-V/DSRC等多种通信技术的多模式通信环境，并通过柔性设计保证测试区环境要素的多样性，满足多层次、多类型的交通场景重构需要（图4-20）。封闭

图4-20　上海国际汽车城封闭测试区内功能场景示意

测试区立足于智能网联汽车的测试服务,主要面向自动驾驶和V2X网联技术的测试,网联方面当前已经设计建设的应用场景涵盖安全、效率、信息、新能源汽车应用等四大类型。封闭测试区同时能够支撑V2X通信技术、ADAS先进驾驶辅助系统等技术的测试服务。其中安全类应用包括:非机动车横穿预警、行人横穿预警、道路湿滑预警、视距影响下交叉路口车辆冲突避免、前向碰撞预警、紧急车辆提醒、紧急制动预警、闯红灯预警、无信号交叉口通行、前方事故提醒、减速区提醒、盲点警示换道辅助、左转辅助、倒车预警、道路危险状况提示等;效率类包括:自动泊车、前方拥堵提醒、绿波带通行、协作式车队、进场自动支付、动态车道管理等;信息服务类包括:智能停车引导、充电/加油提醒、车内标牌等;新能源类型包括:充电地图引导、林阴道通行、充电桩使用信息提示等。典型测试案例如下:

(一)行人横穿预警

测试场景:测试车辆直行时,行人从侧前方出现,测试车辆驾驶员的视线受到路旁静止背景车辆的遮挡,无法及时识别过马路的行人,存在碰撞危险。车辆装载的探测设备识别到碰撞行人的危险,行人碰撞预警系统向驾驶员发出警报,或距离行人小于安全距离时,采取制动或转向以避免碰撞(图4-21)。

图4-21 行人横穿预警测试

(二)视距影响下交叉路口车辆冲突避免

测试场景:试验车辆准备在路口右转,同时背景车辆从试验车辆左侧直行驶向同一目标车道,两车可能交汇,试验车辆驾驶员视线被模拟建筑遮挡,不能及时发现背景车辆。车辆具备通信能力时,当试验车辆驶近路口时,交叉路口车辆冲突避免系统即发出预警,提醒驾驶员存在碰撞危险,或采取制动(或转向)避免碰撞(图4-22)。

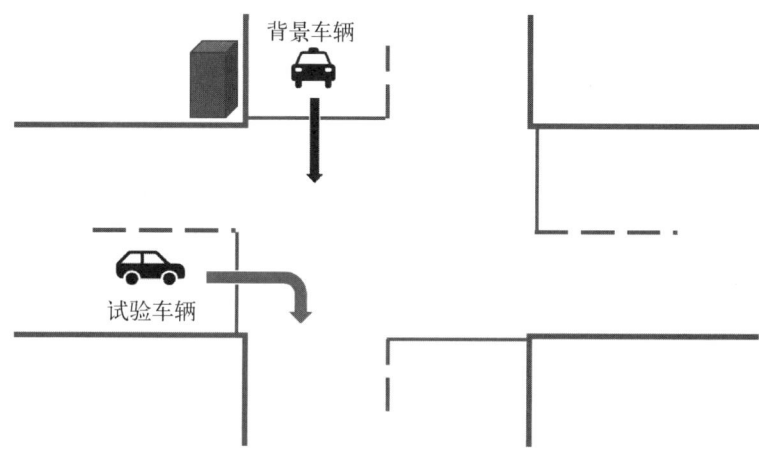

图4-22 视距影响下交叉路况车辆冲突避免测试

(三)危险路况预警

测试场景:测试车辆行驶到潜在道路危险状况(如桥下存在较深积水、路面有深坑、道路湿滑、前方急转弯等)路段,存在发生事故风险。路侧设备向试验车辆发送提示消息对驾驶员进行预警,信息包括道路危险状态位置、道路危险类型、危险描述等。驾驶员根据信息提前反应,降低驶入该危险区域的试验车辆发生事故的风险(图4-23)。

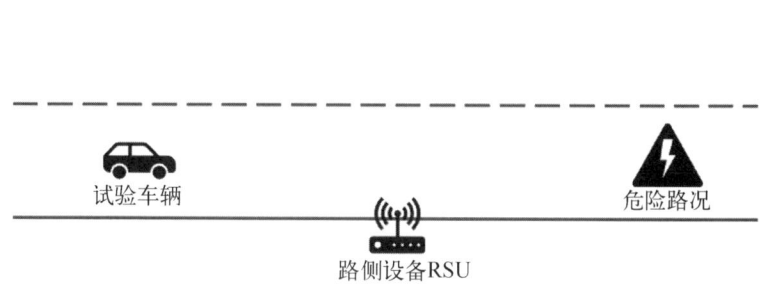

图4-23 危险路况预警

第六节　国内外其他城市应用案例

一、北京奥运会智能交通系统应用

为了满足北京奥运会期间交通需求,北京市建设了10大奥运智能交通管理系统。北京市以"平安奥运交通"为目标,按照"科学管理,严格执法,高效服务"的战略思想,强力推进智能交通科技在管理中的应用,将交通科技融入城市交通管理的每个区域网络、每个管理层面和每个细小环节。奥运智能交通管理体系为科学管理城市交通,高效服务北京奥运,最大限度提高出行效益,促进交通管理整体水平又好又快地发展作出了贡献。

北京奥运会10大智能交通管理系统如下:

(一) 现代化的交通指挥调度系统

该系统集成了电视监控、交通信号控制、诱导显示、单兵定位等多个应用系统的相关数据,通过制定的预案进行智能化的指挥调度。依托交通指挥调度系统,北京市交管局建立了由现代化的奥运交通指挥中心、仰山桥交通勤务指挥中心和各场馆群交通指挥所组成的三级奥运交通指挥科技体系,对社会交通和奥运交通进行有效组织、精确管理,保障奥运交通和社会交通有序并行、和谐运转。

遇有突发事件,指挥人员通过警力定位系统,实时掌握全局路面警力部署,动态调整警力投入;也可以根据需要,调派装备有卫星通信、无线传输、图像采集等科技系统的交通指挥通信车赶赴现场,实现快速反应、扁平指挥。同时,在指挥调度集成系统可视化的图形界面下,可以按照预案同步实现电视监控、交通控制和交通诱导等多个技术系统联动,一方面利用信号系统对事件周边路口、快速路出入口进行控制,减少附近车辆向事件地点的汇聚,另一方面利用路侧大型可变情报信息板发布诱导信息,提示附近驾驶员绕行,缓解事件点段交通拥堵。

(二) 交通事件的自动监测报警系统

奥运会期间,由安装在道路上的上百台交通事件检测器等组成的交通事件检测系统,可在第一时间发现交通事故、路面积水等各种意外事件,自动报警并对事件过程全程录像,在指挥中心实时显现。指挥人员使用警力定位系统迅速显示事件区域的警员、警车分布,指派离事件发生地最近的民警在最短时间内到达现场进行处置。意外事件自动报警应用以来,对交通意外事件的处置时间平均减少3分钟至5分钟,大大提高了对交通意外事件的快速反应和处置能力,确保城市主干道的安全与畅通。

(三) 自动识别"单双号"的交通综合检测系统

遍布全市快速路、主干路网和奥运专用路线,交通综合监测系统的上万个检测线圈、超声波、微波设备,是城市交通管理的神经末梢,24小时自动准确采集路面交通流量、流速、占有率等运行数据。系统还能对每天上路的几百万车辆进行自动检测,包括违反"单双号"限行规定等多种违章车辆,为保证道路的畅通、创造良好的交通环境提供了强有力的技术支撑。

(四) 数字高清的奥运中心区综合监测系统

在奥运中心区,建成的基于高清数字化技术的综合监测系统,实现了对进出中心区车辆的全时空、全方位监测。这个系统的路面监测设备把原来的视频监控、流量统计、车辆识别、事件检测、违法检测等五种功能融为一体,一个设备替代多个设备,如此高集成度的应用在我国也是首次。

(五) 闭环管理的数字化交通执法系统

固定安装在路面上的1 100套电子警察全部联网,对闯红灯、超速等九种路面违法行为进行24小时自动监测,并将违法信息上传中心数据库,与42个车辆检测场、车管所、执法站高度共享,实现了科学的闭环执法管理。此外,利用移动的巡逻警车车载交通监测设备,在行驶过程时随时随地无线联网中心数据库,对过往车辆进行实时检测、抓拍,自动识别逾期未检、套牌车等涉车交通违法行为,可每小时检测车辆2 200辆左右,从识别到系统终端报警不超过1秒。

(六) 智能化的区域交通信号系统

根据北京路网结构和行人、机动车、非机动车混合的交通特点,市交管局在城区建成了交通信号区域控制系统,系统通过埋设在路口的交通流检测器采集到的交通信息,对路口交通信号进行实时优化,可以实现单点的感应优化控制、干线绿波协调控制和区域优化协调控制。可以在中心随时查看路口信号控制的实时显示界面。近2 000台信号机在计算机自动控制下协调联动,实时检测并根据路网流量变化,在高峰时进行最大通行量控制,在平峰时进行协调控制,在低峰时进行感应自适应控制。能够通过合理调整车辆通行时间的分布,大大提高了路口、路段的放行效率,增强了路网整体管控能力,路网综合通行能力提高15%。另外,在奥运中心区内的信号灯控路口,还首次增加了行人过街绿灯倒计时和盲人语音提示功能,最大限度提供人性化服务,礼让民权,保障行人安全。

(七)灵活管控的快速路交通控制系统

快速路网,也就是我们常说的环路及其联络线,是北京市道路交通的主动脉,承担了城区一半以上流量,也是奥运专用路线的组成部分。北京市交管局建成了目前世界上最大规模最智能化的快速路交通控制系统,利用设置在二、三、四环及其联络线主要出入口的信号灯,根据流量变化自动关闭和开启出入口,对进出快速路交通流进行智能控制。在快速路主路流量达到拥堵警示标准时,通过信号灯控制进出主路车流,诱导司机从辅路通行。当快速路主路出口由于拥堵造成车流不畅时,出口信号灯控制出口上游辅路车流量,为主路出口提供更为顺畅的通行条件,保证主动脉的畅通;并通过可变信息板及时提示驾驶员选择路线,注意进出口车辆,有效预防出入口交通事故。

(八)公交优先的交通信号控制系统

优先发展公共交通是缓解城市交通拥堵,改善城市交通环境的根本出路。奥运期间,市交管局在已经施画公交车道和奥运专用道的道路上建设了126个具有公交优先控制的信号灯路口。当公交车辆通过这些路口时,设置在道路上的公交车辆检测器将检测到的公交车辆信息传送给信号控制系统的计算机,计算机根据当前路口的信号放行状态和流量情况,或是缩短另一方向的放行信号时间,或是延长本方向的绿灯放行时间,使公交车辆在路口的延误时间最短,达到优先放行的目的,充分满足大容量、高速度的客运需求,为奥运大家庭成员、观赛人群提供高效、快捷的交通服务。

(九)连续诱导的大型路侧可变情报信息板

利用分布在全市主干路、环路的228块大型路侧可变情报信息板,每2分钟一次将本区域个性化的,以红、黄、绿三种颜色分别表示拥堵、缓行和畅通的实时路况信息,提供给道路交通参与者。同时,每天发布奥运交通管制、道路限行、绕行路线等交通服务信息上千条,实现对奥运车辆和社会车辆的全程连续诱导。

(十)交通实时路况预测预报系统

系统对交通检测设备采集来的全市路网交通流数据,进行深层次挖掘分析,准确掌握实时的路网运行状态,并通过预测预报数学模型,预测路网流量变化。

在该系统的支持下,利用互联网站、手机 WAP 网站和各种媒体,为广大民众提供最权威、最及时、最准确的个性化交通信息服务。不仅包括实时交通路况信息、交通管制信息,而且提供交通预报和行车路线参考,做到随时随地贴身服务。

奥运智能交通管理系统的建成、投入使用,极大地提高了首都科学交通管理水平,为保障道路交通安全、有序、畅通,实现平安奥运,提供了强有力的技术支撑和保证。

二、深圳智能交通建设实践与成果

(一)以大众出行为核心服务对象的智能化建设

1. 公交智能化

公交出行作为城市公共出行使用频率最多的一种出行方式,在城市交通智能化建设过程中处于十分重要的地位,公交智能化建设势必先行。

深圳市交委首先构建了市公交行业基础设施管理平台以及公交仿真模型体系。不仅完成了909条公交线路、9 569个站点(包括站台、站亭、站牌、站架)、383处公交站场、819.8公里公交专用道的属性数据梳理,基本实现公交基础设施全方位协同化管理;同时成功搭建了公交线网规划决策支持系统,专业评估公交运行的整体效率,为公交线网规划、运营组织决策提供支撑。

公交系统 GPS 监控平台也是深圳市交委智慧公交建设的重要一环,通过在15 000多台公交车上安装车载终端,实现对公交系统的数据管理、实时监控、安全监管、服务监测、信息发布、成本测算和应急指挥;在此基础上,依托手机"交通在手"APP 实时发布公交车辆动态运行信息,打造公众出行信息服务平台,更好地满足公众出行需求。

为加强对公交系统安全监管,深圳市交委还专门建成了公交专用道违章抓拍系统,抓拍违法占用公交专用道的车辆,保障公交路权优先,提高公交运行速度。此外,深圳市交委还通过制定统一标准,指导企业建设公交智能调度系统,使企业调度系统与政府监管系统有效衔接,实现政府监管企业、企业管人、车、站、线。值得一提的是,考虑到残障人士乘车需求,深圳市公交车辆特别提供了公交无障碍导盲服务,在1 000辆公交车辆上安装无障碍导盲设备,并为视障人士配置手持终端,方便视障人士选择公交出行。

2. 出租车智能化

出租车作为城市的名片,在城市公共交通中有着而不可替代的地位,因此出租智能化也势在必行。深圳市交委在管理机制上,积极探索出租行业管理新模式,逐步研究完善了"准入—监管—退出"管理机制,提升出租车行业数字化智能化管理水平,努力做到经营规范化、指标数字化、机制阳光化、管理人性化、服务优势化;在内部运行监测方面,深圳市交委构建出租数字化监管指标体系,通过运营态势指标、安全监管指标、服务质量信誉考核指标、司机动态指标等,实现对出租车车辆、人员的全方位、实时监管考核;在行业外部应用方面,深圳市交委通过对出租车GPS数据的融合挖掘分析,实时掌握城市路网的动态运行状况,为动态交通引导提供支撑,通过出租车客流分析,为出租车运力投放提供决策依据;在服务应用方面,深圳市打造了出租汽车统一电召平台,可以提供电话(96880)、网页、手机APP应用(接入"交通在手""滴滴打车""快的打车"等手机软件)等多渠道电召方式,日均电召量超过10 000次,实现近1.6万辆出租汽车24小时全天候"应召"。

3. 地铁智能化

深圳市建设成立了轨道交通网络运营控制中心(NOCC),实现对地铁运营的综合监视、多线路运营协调、应急指挥、信息共享;汇聚轨道交通应急指挥中心(TCC)的信息,实现对地铁运营的监督管理、运营上报、统计分析、应急处置等。

4. 长途客运智能化

深圳市建立了长途客运智能化联网监控平台,可以实时接入全市2 500多辆长途客车、2 800多辆旅游包车GPS数据,通过对客车车辆运行状态(包括车辆超速、GPS掉线、车内饰品、疲劳驾驶等)的实时监控,实现安全监管由事后处罚向事前预防转变、企业由被动接受管理向主动参与管理转变。

5. 路边停车智能化

作为国内四大一线城市之一,交通拥堵在深圳也从点到线,在所有采取"缓堵"措施城市里,路边停车收费应该是最具深圳特色的措施之一。2015年1月1日起,深圳市对原特区内278条道路、12 374个泊位全面启动收费,深圳市成为全国首个实现路边停车收费全电子化的城市,此后,全国各地纷纷效仿。

驾车人士可以下载并使用手机APP"宜停车"或拨打96001服务电话进行停车缴费、续时、补缴,全程实现电子自助交易,无须管理人员干预。泊位内违章停车由深圳市交通运输委下属的道路交通管理事务中心根据《深圳市机动车道路停车管理办法》进行查处,泊位外违章停车由深圳市道路交通管理事务中心协助交警执法,执法人员通过手持执法终端,实时掌握停车泊位占用与缴费情况,及时对违规占用停车泊位进行处罚。

自路边停车收费实施以来,路边停车收费试点片区车速显著提高;竹子林、西贝等试验片区车速平均上升9%~15%,南山中心区车速上升15.1%。停车资源也得以均衡利用,路边停车泊位平均占用率降低,停车时间基本在1小时以内,泊位周转率明显提高,大量路边停放车辆转入周边停车场,工作日白天重点片区路外停车场使用率平均提高约22%。另外,违章停车规模明显降低,受交警部门委托,深圳市道路交通管理事务中心协助管理道路停车秩序,很高程度弥补了警力不足的问题,试点片区内对违章停车的执法力度大大加强,路边违章停车规模明显降低,重点片区高峰时段路边违章停车行为下降约90%。

6. 交通运行指数

道路交通运行指数和公交运行指数也是深圳智慧交通建设的亮点之一。道路交通运行指数主要是通过对浮动车的运行轨迹、速度、行程时间等数据进行分析处理,量化评估道路网的运行状态,用红色代表拥堵、黄色代表缓行、绿色代表畅通,实现道路交通运行指数的实时发布,为交通改善提供数据支撑。而公交运行指数现已覆盖轨道交通、常规公交、出租车三种出行方式和步行、候车、乘车、换乘四大环节的30项、64小项考核指标,通过云数据汇聚评价全市公交服务质量,促使公交企业提升服务品质。

(二)以交通枢纽为核心的智能化建设

如果说,对公交车、出租车等出行方式的智能化建设是"线型"的、动态的,那么,对公交车站、地铁站和机场、高铁站的智能化建设就属于"点状"的、相对静态的,只有把点和线连接起来,才算是初步完成了整个交通运输系统智能化建设。

机场和高铁作为一个城市与外省市地区人口流通最频繁的区域,人口流动量非常巨大,同时也是展现一个城市交通智能化建设水平最直观的"窗口"。深圳市在机场枢纽智能化建设以及高铁枢纽智能化建设过程中,采用的方式异曲同工。即:围绕交通的两个时刻表(高铁是高铁时刻表、公交时刻表;机场是机场时刻表、公交时刻表),利用智能化手段,通过对交通枢纽的综合管理、指挥调度、信息服务,实现不同交通出行方式的动态衔接、高效组织,满足不同运输方式协同运转、应急联动和综合信息服务的要求,建立完善先进的智能交通系统。如:空中航班与地面公共交通的高效衔接,满足乘客出行信息获取便捷性,提升换乘便利性,提高出行选择方便性,减少不必要的换乘距离等。

主要手段有:在运行监管方面,建立完善的视频监控系统,利用视频识别、地磁监测等技术,实现对整个交通枢纽的运行监测、安全监管、运力调配、运证管理、视频综合监测等。

在指挥调度方面,依托两个时刻表,围绕应急识别、预警、运力调配、信息发布等,全面提升交通枢纽的智能化管理和信息化服务水平;在信息服务方面,通过布设可变情报板、信息诱导屏、触摸屏、站内广播、手机二维码应用等信息发布设施设备,提供枢纽内客流预报、预警与疏解、人流引导与车辆诱导等综合信息服务。

深圳市机场于 2013 年 11 月成功实现了"一夜转场",T3 航站楼正式启动,多种交通方式实现 GTC(机场地面交通中心)无缝衔接,枢纽功能进一步强化。机场接驳交通方式有地铁、公交、出租、长途客运、码头等,另外,还有 11 号、10 号线、穗莞深、港深西部快轨等轨道接入机场地面交通中心。

作为港口城市,深圳港口智能化建设也不落后。深圳市交委通过 IC 卡技术、信息技术打造了港口智能化管理系统,实现了对进出深圳盐田港区、蛇口港区、赤湾港区、大铲湾港区四大港区拖车信息统一管理、快速放行和作业调配,提高港区作业效率和服务水平。

(三) 其他领域的智能化建设

1. 交通视频监控

视频监控是智慧城市建设的重要组成部分,也是各种信息采集方式中,最直观明确的一种,当然也是投资建设和运营维护成本最大的一种。目前深圳市交委通过自建、整合、共享等方式,在全市范围内已接入视频监控 19 429 路,实现对全市地铁站、高速公路、客运场站、港口、口岸、城市重点道路路段等重要场站枢纽、主要通道、交通节点和交通集散地分场景进行全面可视化监控,实时掌控运行状况。

地铁站视频监控建设:通过整合方式,接入全市 5 条地铁线路 6 583 路监控视频,全面了解地铁站内部通道、站台、扶梯、出入口人流聚集情况,保障日常运营调度,提高应急处置能力;高速公路视频监控建设:通过整合深圳市 7 大高速公路监控中心、12条高速公路、361路监控视频,实时全面掌握高速公路出入口排队和路面车流通行、设施运行情况,为高速公路日常运行及重大节假日保障提供决策支持;客运场站视频监控建设:通过整合方式,接入深圳市46个客运场站的1 006路视频,有效监管客运场站的运行、安全及服务;口岸视频监控建设:在口岸出租、公交等管理区域建设49路监控视频,并通过视频分析等手段,为该类区域运行秩序、运力调配、应急协同提供可视化支撑;城市重点道路路段视频监控建设:通过自建、共享方式建设了177路市区重点路段的视频监控,为城市交通运行管理及公众信息发布提供支撑。

2. 道路设施智能化

在道路设施智能化方面,深圳市交委建设了道路设施(全市道路中心线、标识、标牌、标线、护栏、立交、交叉口等)智能化管理系统,从组织、对象、阶段三个层次全面管控道路设施全生命周期(规划、设计、施工、验收、运营、管理)各项业务,实现道路设施全生命周期的数据化管理。

3. 危险品运输智能化

深圳市交委建设成立了危险品运输智能化监管平台,实时掌握1 738辆车的运行状况(运什么、运多少、去哪里、怎么走、开多快、谁开车、谁押运),全面监控危险货物运输申报流程,实现了危险品货物运输的全过程监管。

4. 驾驶培训管理系统

深圳市交委建成了深圳市机动车驾驶培训管理系统,实现学员培训和考试信息共享、教练员和教练车信息管理、驾校综合信息统计分析。

三、新加坡智能交通系统发展应用

新加坡作为偏居亚洲一隅的城邦小国,区区680平方公里的国土面积和不到400万人的人口,却以其健全发达的交通路网和运输系统,富有远见的交通管理与调节策略,有计划的土地使用和城市扩展政策,成为世界闻名的"城市花园"。其中,卓有成效地开发和运用智能交通系统,是新加坡在城市交通发展规划和实践中引人注目的一环,并且为大多数亚洲发展中国家建立了现代都市发展的典范。

高服务水平的交通系统的产生不仅依赖于合理的规划方案和适当的交通需求控制,同时也离不开动态的交通组织、管理技术和策略。新加坡凭借其前瞻性的交通规划理念以及在地利、经济、技术等方面得天独厚的条件,在ITS的发展方面已经走在了世界的前列。

(一)新加坡整合交通管理系统(ITMS)发展

新加坡整合交通管理系统(ITMS)是一个以交通信息中心为轴,连接公共汽车系统、出租车系统、城市捷运系统(MRT)、城市轻轨系统(LRT)、城市高速路监控信息系统(EMAS)、车速信息系统(TrafficScan)、电子收费系统(ERP)、道路信息管理系统(RIMS)、优化交通信号系统(GLIDE)、电子通信系统、车内导航系统等的综合性集成系统。ITMS使道路、使用者和交通系统之间紧密、活跃和稳定的相互信息传递与处理成为可能,从而为出行者和其他道路使用者提供了实时、适当的交通信息,使其能够对交通路线、交通模式和交通时间做出充分、及时的判断。

自1997年11月以来,整合交通管理系统不断吸纳和整合最新的智能交通技术而持续发展,主要经历了三个阶段:

1. 交通管理系统的整合

在这个阶段,ITMS将从城市高速路监控信息系统、车速信息系统、电子收费系统、道路信息管理系统、优化交通信号系统等多个子系统中收集数据。每个子系统都将执行各自特定的交通管理职能,它们不仅提供交通地图、路面状况等静态信息,而且提供例如行驶速度、交通流量、车辆分类、交通时间和事故发生等动态交通数据。为了实现这个功能,各个子系统之间的接口界面被建立起来以便获得实时的交通信息。这些信息经过处理、整合,储存在整合交通管理系统的交通信息中心服务器上,通过互联网和电子通信服务机构,这些实时交通信息能够被社会公众、车辆营运者、政府机构等有效使用。此外,路线导航系统也将建立起来为驾车者在出行前提供实时的交通信息和优化路线方案。

此阶段,新加坡陆路交通管理局(LTA)还将追踪纪录全世界各种智能交通系统标准,来促进整合交通管理系统未来的通信系统协议的标准化。此阶段的任务已经在1999年8月完成。

2. 公共交通系统的整合

在这个阶段,有关公共交通的信息例如公交车辆以及地铁的班次、时间和票价等都将连接到整合交通管理系统中。出行者将在出行前得到使用何种交通设施以及是否转车等最新的交通信息来完成自己的出行目的。这些服务已于

2001年前实现。

3. 第一阶段和第二阶段的信息整合

在此阶段，整合交通管理系统将被建设成一个能提供多种模式交通信息的系统，它将具备足够的智能，不仅在出行前，而且在出行途中对出行者做出实时的建议：选择最佳交通路线和交通模式。这些服务于2002年实现。

(二) 新加坡智能交通应用与规划

1. 新加坡城市"智慧大脑"

为更好地维持城市交通秩序、缓解交通拥堵、保障交通效率，新加坡自2006年开始推行"智慧国2015计划"，致力于将信息通信技术应用到社会的各个领域。运用信息通信技术对主要经济领域、政府部门乃至整个社会进行改造；建立超高速、普适性、智能化的可信赖的信息通信基础设施是"智慧国2015计划"的两个重要战略。

按照这两个战略方向，新加坡的通信基础建设日新月异，为狮城装上了"智慧"的"大脑"。作为"智慧国2015计划"的主要内容，新加坡于2006年启动了"无线@新加坡"的建设，目前已在公共场所布置7 500多个热点，相当于在新加坡每平方公里有10个热点。随着2010年新一代宽带网络正式启动，提供了更快捷的宽带服务。新加坡先进的国家信息通信网络为智能交通等应用系统提供了有力支撑。

2. 新加坡首个智能地图信息系统

新加坡首个智能地图信息系统——全地图（OneMap），于2010年3月正式发布。它可为公众提供及时、准确、可信赖的位置定位信息和服务。智能地图信息系统的建立基于新加坡基础地图，是一个服务多样化的多机构平台，用户可使用此系统智能搜索和定位感兴趣的地点，如博物馆、美食街、托儿所、公园、体育中心和学校。智能地图信息系统旨在通过向公众、私营和公共部门推广地理空间信息的使用带动创新。公司、机构和个人均可以在各自的网页上添加应用智能地图信息系统的网页版地图技术，从而提供更加实用的增值服务。

同时，MyTransport.SG这一服务的推出也使市民能在任何时间、任何地点通过WiFi或者GPRS接入网络，通过同一平台了解全面的包括公交车、出租车、停车、路况等在内的出行信息，方便规划出行。

3. 新加坡智能交通策略规划 2030

新加坡智能交通策略规划 2030 是由新加坡陆路交通管理局(LTA)和新加坡智能交通协会(ITSS)联合发布的。这项战略中整合了机构和业内人士的观点，为新加坡向更全面和更可持续的绿色交通发展铺平了道路。智能通行策略规划 2030 勾勒出了发展策略，这对智能交通系统的成功实践至关重要，同时，还以系统、协调的方式对未来城市流动的关键领域进行了规划，以应对即将到来的挑战。

新加坡的智能交通战略的愿景是构建一个相互沟通、相互联系的城市交通系统。这个愿景的目的是把新加坡塑造成一个高度融合、更加生动和更加包容的社会，让人们能在其中享受到更高品质的生活。

新加坡为了实现智能交通战略这个愿景，主要有三个关键策略和四个主要领域引导：

(1) 三个关键策略：① 实现创新和可持续的智能交通解决方案；② 开发和采用智能交通战略规划标准；③ 各系统之间建立密切的合作关系和伙伴关系，共同创造。

(2) 四个主要领域：① 为民众提供更多交通资讯；② 提升这类资讯的互动性；③ 确保公路更加安全；④ 迈向持续和环保的绿色交通。

智能交通战略是新加坡 2030 年智慧交通建设的主要蓝图，主要还在于上述三个关键策略和四个主要领域的具体实施。这个战略规划的制定，有利于不同相关利益者在共同努力下提供智能交通的创新模式和成本效益的解决方案，以应对新加坡当前及未来的交通挑战。

第五章
智能交通系统建设的政策建议与展望

第一节 智能交通系统建设的战略措施

一、制定有力的国家政策

智能交通系统作为改善交通的重要技术手段之一,它的实施和发展既需要适宜的交通基础设施和管理环境,也需要国家在发展的不同阶段从宏观环境上制定能够引导智能交通系统有效、有序、实用、可持续发展的政策和规划,促进智能交通系统在我国的快速有效实施。

智能交通系统的实施要求在一定的交通基础设施信息化的基础之上,而且智能交通系统能够发挥最大效益的前提是系统以完善的信息化为基础,较高的集成化为手段,完善的服务化为目标的复杂的大系统,这样的系统,不是一次就能建设完成的,它需要有规划、有目的、有重点、有步骤地进行建设,并且需要持续的资金用于前期的建设和后期的运行维护。因此在这种情况下,国家必须在以上方面制定相应的政策和规划,以保证国家范围内的智能交通系统能够有效的实施。

(1)从国家层面出台鼓励智能交通发展的相关政策,促进智能交通系统的发展,行业层面也应考虑出台相应政策,鼓励和引导智能交通系统各项技术和产品的研发,各地政府的法律法规应能够保证智能交通系统的实施和应用。

(2)智能交通系统发展的全局性、长远性战略规划是可持续发展的必要条件,因此智能交通体系框架应列为国家层面的规划文件,并经政府批准,严格执行,并且在实际应用中,不断进行完善和补充。

（3）建立智能交通系统发展的政策链。智能交通的发展需要一系列的政策支持，不仅表现在投资、应用、建设环境的政策支持，同时在智能交通涉及的法律环境也需得到国家政策层面的支持，只有环环相扣的政策链作为保障，才能使我国智能交通系统有效、快速、健康地发展。

政府在制定相关政策时需要考虑以下因素：

（1）政府必须及时调整在交通运输部门市场活动中的角色，以促使智能交通市场的运作更有效率，并承担市场无法执行的功能。因此政府必须通过相应的引导和促进政策，建立一个利于智能交通发展的市场架构，以激励所有参与的决策者能追求效率。

（2）鉴于许多环境与社会目标无法直接与经济效益挂钩，导致市场参与者减少的智能交通项目，政府必须制定相应的鼓励和保护政策，达到社会效益的最大化和群众利益的最大化。

（3）政府在采取积极的政策和措施来促进有效率的智能交通建设和运营的市场形成的过程中，一方面通过市场的无形的手来调节，另一方面对于某些因市场竞争机制而导致的新的不公平因素，在追求经济效益最大化的同时，社会效益可能会受到损失和人民利益可能会受到伤害，对此，政府必须制定相应的政策，一方面避免这样的情况发生，另一方面在情况发生的情况下能够采取最有效的措施减少社会及公众利益的损失。

二、推动智能交通产业化发展

在未来，随着对智能交通领域研究的逐步深入，以及智能交通系统建设的普及，技术应用推广的范围加大，智能交通系统的发展特点不仅表现在对计算机技术、通信技术、信息技术以及信号控制和电子产品等多种现代化设备的需求，智能交通还将促进上述技术和设备的进步和发展，这是一个能够将运输产业和汽车产业与21世纪的新兴产业——信息产业迅速结合起来的领域，智能交通的开发和应用能够为中国的高新技术产业提供一个巨大的市场，由此形成一个高新技术产业群和新的经济增长点。因此，我们应紧紧把握这一机遇，在改善和发展我国交通运输业的同时，通过国家的各种优惠政策，积极引导智能交通优势产业的发展，做到以点带线、以线带面，培育中国的智能交通产业，促进智能交通系统的市场化和产业化。

三、加强标准的制定,大力推进智能交通的标准化

智能交通系统建设和发展的自身特点,决定了标准化在该领域的重要性,一些发达国家在发展智能交通的过程中,非常重视该领域的标准化建设工作。一方面标准化的实施有利于全国系统的兼容性,保证各子系统能够有效的衔接和整合,另一方面标准化有利于促进智能交通系统领域的产业化和进行有关技术的保护,由于组成智能交通系统的各子系统是以分布式的体系结构相互协作,因此标准化工作成为国际及世界各国在智能交通系统方面主要的工作之一。

智能交通系统在我国的建设和应用刚刚处于起步阶段,应特别重视标准化和智能交通系统同步建设,这样对我国智能交通系统的大范围应用和今后全国系统的有效整合、发挥整体效益的优势,将起到重要的保障作用,具体表现在如下几方面:

(1) 标准化可保障全国范围内的兼容性;

(2) 标准化有助于拓展智能交通系统相关产品的提供渠进,创造更大的市场空间;

(3) 标准化有利于系统集成;

(4) 标准化有利于减轻风险,保护投资。

因此在今后相当长的一段时间里,我国必须根据技术的发展和智能交通的建设情况,适时地推出适合我国国情的各类技术标准,以指导实际的工程,规范智能交通的市场。目前我国在智能交通领域标准化的建设方面,已经具备了一定的基础,在共性及关键技术的领域开展了相关标准的制定工作。在标准化的制定过程中,必须全面考虑多方面的因素,既要充分考虑其有利的一面,也要考虑其不利的一面,只有在适合的阶段进行标准的制定、宣传、执行,才能够真正发挥标准化的优势。

四、通过投资和融资等多种方式加大投入

智能交通建设特点决定智能交通的发展不是一蹴而就的,需要长期的支持和资金投入。从目前我国智能交通的发展特点分析,国家仍是智能交通的主要推动者,因此,当前国家应该从科技、建设等多个部门对智能交通给予持续的资金投入。与此同时国家也将出台各种优惠政策,积极促进投融资环境和体制的建设,吸引多方资金投入到智能交通实现的各个环境。

在投资环境的建设过程中,政府要明确区分哪些是社会公益型项目,哪些是可经营型项目。对于不同性质的项目,应设计不同的投资方案,确定投资主体、投资回报,制定不同的投资战略和规划。社会公益型的智能交通系统项目建设,投资主体应主要为政府,经营型的智能交通系统项目建设,投资主体由市场选择,但不排除政府对重点项目的政策和资金支持。根据目前我国智能交通系统的发展阶段和交通基础设施的信息化现状和水平,建议涉及国家安全和交通安全的智能交通系统公益型项目以及涉及交通信息化基础设施的项目,主要投资由政府承担或政府占投资较大百分比。

对于智能交通系统建设项目的投资和融资环境的建立,政府应采取下列措施,吸引多方资金投入到项目的建设过程中,以利于智能交通系统的持久建设。

(一)建立政府投资调节机制

在交通基础设施信息化的建设过程中,各级政府应承担其相应的责任。保证完全公益性的基础设施投资;对于既有公益型又有经营型的基础设施或项目建设,政府承担必要的投资。政府的投资主要来源是预算内投资、政府性建设基金及政府财政债券等。在未来一段时间里,政府要通过不断的调整和改革来确立政府基金的稳定性,保证用于智能交通系统基础设施建设和项目建设及维护资金投入的持续性和稳定性。充分发挥政府资金的调控作用,对于规划内的智能交通系统建设资金,纳入政府计划管理,按照发展规划、区域布局和建设重点,进行必要的调节,组织好建设项目的实施。

(二)积极改革投融资体制,改善投融资环境,吸引国内外资金参与智能交通的建设与运营

改革投融资机制,实现融资多元化,融资渠道多样化,对解决智能交通系统建设资金的来源具有重要的保障作用。在积极利用和争取国际金融组织、国外政府及国内金融机构对智能交通项目的贷款的同时,制定积极的政策,放开市场,采取 BOT、TOT 等多种投融资方式,建立完善的投融资回报机制,鼓励和吸引国内外的企业、财团投资,充分利用资本市场筹措 ITS 建设、运营的资金。

五、坚持以自主开发为主、引进为辅的原则,形成具有我国自主知识产权的智能交通技术和产品

智能交通系统的建设是多种技术的应用和集成,随着技术的不断进步和发

展,智能交通在技术的引用和研发上具有多种可选择性。既可以通过引用国外的先进的成熟的技术,又可以通过自主研发解决系统实施中的技术问题。两者如何选择,应慎重地加以考虑。根据国内现有技术的基础条件和开发情况以及一些发达国家和地区智能交通系统的技术现状和发展趋势,建议智能交通技术的引进和研发应主要从以下两方面加以考虑:

（1）对于已经验证的国外成熟智能交通技术,可从国外直接引进,但要注意知识产权问题。

（2）对国外尚处在探索阶段的技术,应注意其发展的可能方向和我国的需求,正确选择自主研发的重点,并且要善于应用各种技术、政策和法律手段,为我国的高科技产业提供发展空间。

六、重视合理的智能交通评估和调整的作用

建立健全智能交通系统实施的评估和评价方法,及时调整智能交通系统项目实施的策略,对促进智能交通系统的发展,提高交通服务的质量和水平,具有重要的意义。

智能交通系统在我国的大范围应用还刚刚开始,许多智能交通系统项目均处在正在建设或刚刚启用阶段,我们目前还缺乏客观的方法,从定量或定性的角度对智能交通系统的影响程度以及智能交通系统的实际效果进行评价或评测。因此在智能交通系统建设的同时,应开展智能交通系统评价及评估方法的研究,应要求在智能交通系统项目实施前、实施后进行项目的评估,选择适宜的项目推广应用,对于不适宜建设的项目予以调整,或停止实施,

第二节 智能交通系统建设的推进层面

一、提高政府服务水平

智能交通在中国主要是由政府进行推进,这是由中国目前所处的阶段和交通运输组织与管理的体制所决定的。虽然目前智能交通正在逐步向市场化迈进,但在未来一段时期内,由于交通仍以基础设施建设为主,这就决定着政府仍

将是智能交通应用的主要推动者,但其前提是以市场需求为导向。因此,一方面需要提高政府本身的管理水平和执政能力,另一方面需要提高政府为公众提供公益性质的交通信息等服务的效率。

二、以目前可实现的系统或项目为切入点,逐步扩大应用范围

智能交通系统在中国的应用和服务的模式宜以目前可实现的系统或项目为切入点,我国智能交通建设刚刚进入初始阶段,以可实现、能够见效益的系统或项目入手,一方面可以缩短系统建设的周期,降低建设的成本和风险,另一方面可以很快显现效益,对于推进智能交通系统服务是有益的,也是符合技术发展的规律。在推进过程中注意加强对现有系统的整合和应用,充分发挥各子系统的综合效应,在此基础上,逐步开展大范围应用。

三、进行智能交通关键技术和高技术开发

交通是国家基础性、服务性行业,目前涉及交通科技问题的研究主要集中在科技部以及各部委科技主管部门下达的各项任务中,对于涉及智能交通系统发展过程中的关键技术和高技术问题,建议由国家科技主管部门有重点、有突破、有时效地进行适时的科技引导,组织各行业的专家、学者、工程界人士集中进行攻关研究,这对发展我国智能交通系统产业,提高我国智能交通系统的技术装备水平具有重要的意义。

四、注重技术手段与管理体制之间的相互作用

智能交通除了本身特有的技术之外,还涉及信息技术、通信技术、控制技术等多种技术在交通领域的综合应用,是交通信息化建设的重要切入点。以技术手段改变现有的交通运输组织与管理模式,对管理体制的变革渗透在技术创新过程中,同时管理体制的变革也将深刻影响到技术手段的应用。在两者不断的创新过程中,技术创新与管理体制的创新处于一种动态的、相互作用的过程中。因此,在智能交通的推进过程中,不仅要考虑技术本身的各种实现要素,同时也要关注技术应用的环境及其对管理体制的作用和影响。

五、发展过程中注重公平性原则

智能交通系统重要的服务功能之一是能够为公众提供各种动态、及时的交

通信息服务,在国外发展智能交通的历程中,信息服务已经成为智能交通应该考虑为所有公众提供可获得普遍信息服务的传播手段。

(1) 不能完全以营利为目的,为小汽车的拥有者提供特权的交通信息服务。应该为所有公众提供普遍的信息服务,以满足人们的出行需求。

(2) 不能完全以优势传媒手段,如互联网、手机等提供交通信息服务,应该考虑为所有公众提供可获得普遍信息服务的传播手段。

(3) 智能交通要注意对老人、儿童等弱势群体提供最大帮助。

在发展过程中,做到以上三点,才能"以人为本"、在"共建和谐社会"中发挥智能交通的真正作用[①]。

第三节　智能交通系统建设的展望

智能交通是一项巨大的系统工程,它不仅与交通系统自身的发展有关,而且与社会、经济以及人民生活的各个部分密切相关。因此,在具体落实智能交通系统相关策略时,需要结合社会需求水平与经济发展趋势,甚至文化背景、地理环境特点、人口分布情况等因素进行充分的调研,在此基础上制定符合中国实际的、与国家发展战略衔接的、充分体现世界交通运输科技发展方向的智能交通发展战略,这是智能交通系统健康发展的基本保障。

过去10年,上海通过智能交通系统应用试点示范工程的研究、实施,目前在城市道路管理、公共交通管理、高速公路管理、静态交通、交通综合信息服务等领域均取得了一定成果。如今,上海的智能交通快速发展,交通信息服务日趋完善,但相比较不断流入的外来人口,现有交通状况仍有压力,因此在原先基础上进一步提高交通信息化水平,推进城市交通管控与服务的智慧化十分必要。只有这样,城市交通才能成为上海发展的"推进器",而不是"绊脚石"。

---

① 王笑京,沈鸿飞,马林,等. 中国智能交通系统发展战略[M]. 人民交通出版社,2006.

附 录
上海大学上海经济管理中心简介

上海大学上海经济管理中心(以下简称中心)于1997年由香港瑞安集团捐助、上海大学创办,中共上海市委组织部和香港瑞安集团共同参与建设和管理,是上海市政府发展研究中心干事单位,是上海大学软科学研究基地。中心以"整合知识资源、服务社会发展"为宗旨,立足于全球化、知识经济、互联网+和科技创新的时代需求,通过对经济与管理、产业与金融、社会治理与服务、公共艺术与文化等领域的干部与管理人才培训,与对智能制造、大数据与信息技术、区块链、生物科技、新材料、知识产权等领域的专业技术人才知识更新培训,形成两条工作主线,开展多层次的领导干部教育与专业技术高端人才培训。中心愿景是建设成为与上海城市地位以及上海大学实力相适应的国际一流的干部教育与高端培训领域领导者。

高端的培训项目

中心以自主招生、委托培养、合作办学等多种形式开展教育培训服务,在高端培训市场赢得优良的社会声誉。中心长期开设领导干部高级研修项目、高层管理高级研修项目(EDP)和企业家创新领导力、科技金融与互联网金融、公共人力资源管理、工商管理、知识产权、智能制造等培训项目。中心在职人员研究生同等学力学位教育涵盖经济学、社会学、传播学等领域,2015年获得教育部批准,与法国让穆兰.里昂第三大学合作举办可持续发展专业硕士项目。自2010年起承办中共上海市委组织部上海市领导干部社会治理专题研讨班,自2015年开始承办国家人社部和上海市人社局的多个专业技术人员知识更新项目。20年来,中心一直立足上海、服务长三角地区、面向全国各地,开展教育培训服务,累计培训学员已达4万余人次。

基地平台建设

根据人社厅发〔2017〕85号文，上海大学获准设立成为第七批国家级专业技术人员继续教育基地，基地办公室常设于中心。利用学校综合性大学的多学科优势，着力打造成为学校服务国家和上海发展战略、人才培养和拓展校企合作、深化产学研应用的平台，在多个专业技术领域形成理论创新与知识积淀，并与上海市人社局签订协议共建上海公共人力资源研究所，不断开展课题研究，加强高校智库建设。

中心是国家级专业技术人员继续教育基地（国家人社部批准）、中共上海市委组织部干部教育培训高校基地、上海市干部教育中心培训基地、上海检察官专题培训基地、上海市企业家培训基地、上海联合产权交易所高校教育培训基地、上海市职业经纪人后续教育基地，是上海大学服务区域经济与社会发展的窗口。中心通过与中共上海市委组织部、上海市人社局、上海市检察院、上海市科技创业中心、上海市交通委、浦东新区科经委、静安区委组织部等单位长期合作，建立培训平台，打造培训品牌，同时通过与上海久事集团、上海航空公司等知名企业集团不断深化合作，拓展高层培训业务，形成集培训、研究、咨询三位一体的良性发展格局。

中心每年要举办各类培训项目40余项，包括"特大城市与社会治理创新专题研讨班"、"企业创新与领导力培训班"、"智能制造与机器人技术应用高级研修班"、"材料基因组工程技术与应用高级研修班"、"转型升级与知识产权高级研修班"、"交通行业急需紧缺人才培训班"等品牌培训项目。中心聚焦装备制造、信息、生物技术、新材料、创意文化、科技金融、知识产权、基层社会治理与社工培养等重点培训领域，服务于国家"一带一路"倡议、"长三角一体化战略"和上海"五个中心"建设等人才培训、培养和教育的需要。

师资力量与教学保障

中心师资力量雄厚。利用上海区位优势，依托上海大学综合性的学科特色以及高水平的师资队伍和20年来积累的全国知名专家资源开展办学。中心与中共上海市委党校、中国浦东干部学院等机构保持良好合作关系，并长期聘请50余位国内外知名教授专家和跨国企业的行政、财务、人力资源管理的总监担任荣誉讲师，师资阵容强大。中心位于上海大学延长校区，地处大宁区域核心，近地铁1号线延长路站和马戏城站,交通便利。中心拥有一流软件设施和硬件设备,1 000余平方米的专用多媒体教室、现代化的远程教学设备、多间讨论及会议小型教室和资料室等可供现场学习和在线学习使用,并依托校区后勤资源在餐饮、住宿及停车等方面为学员提供全方位保障。

地址:上海市广中路788号(延长路149号)上海大学科技楼8楼

电话:021-56332594 021-56331091

网址:www.jgzx.shu.edu.cn